张元幹

（1091—1161）

# “福建历史文化名人丛书”编委会

福建历史文化名人丛书
福建省社会科学界联合会 编

# 张元幹

## 南渡爱国词人

鹿苗苗 编著

海峡出版发行集团 THE STRAITS PUBLISHING & DISTRIBUTING GROUP | 福建人民出版社 FUJIAN PEOPLE'S PUBLISHING HOUSE

图书在版编目（CIP）数据

张元幹：南渡爱国词人 / 鹿苗苗编著. --福州：福建人民出版社，2022.11

（福建历史文化名人丛书）

ISBN 978-7-211-08712-9

Ⅰ. ①张… Ⅱ. ①鹿… Ⅲ. ①张元幹（1091–1170）—生平事迹 Ⅳ. ①K825.6

中国版本图书馆CIP数据核字（2021）第151897号

张元幹
ZHANGYUANGAN
——南渡爱国词人

作　　者：鹿苗苗
责任编辑：何水儿
责任校对：陈　璟
出版发行：福建人民出版社　　电　　话：0591-87604366(发行部)
网　　址：http://www.fjpph.com　　电子邮箱：fjpph7211@126.com
地　　址：福州市东水路76号　　邮　　编：350001
经　　销：福建新华发行（集团）有限责任公司
印　　刷：福州凯达印务有限公司
地　　址：福州市金山红江路2号浦上工业园B区47号楼
开　　本：700毫米×1000毫米 1/16
印　　张：6.75
字　　数：70千字
版　　次：2022年11月第1版　　2022年11月第1次印刷
书　　号：ISBN 978-7-211-08712-9
定　　价：25.00元

# 总 序

李 红

社会科学承载着“认识世界、传承文明、创新理论、咨政育人、服务社会”的重要功能，是人类赖以传承的精神支柱。近年来，福建省各级各部门认真贯彻《福建省社会科学普及条例》，社会科学普及工作扎实开展、稳步推进，通过举办全省社科普及宣传周、建立社科普及基地、开办社科普及讲坛等社科普及咨询平台载体，其制度化、常态化、大众化工作取得了明显成效。

习近平总书记指出，文化是民族生存和发展的重要力量，中华优秀传统文化已经成为中华民族的基因，植根在中国人内心，潜移默化地影响着中国人的思维方式和行为方式。福建文化是中华文化中极富特色的一部分，深度融入了中国文化的发展进程，展现出突破陈规、积极进取、兼容并包、锐意创新的胸襟和气魄。向大众传播福建优秀的历史文化知识，是福建省社科普及工作的重要内容。以接福建地气、讲福建故事、塑福建形象、续福建文脉的姿态编辑出版的“福建历史文化名人丛书”，既较为全面地展示了福建文化深厚的历史底蕴和丰富的人文精神，也为福建当下的社会文化建设提供了有益的资鉴。“福建历史文化名人丛书”所包含的朱熹、林则徐、严复、陈嘉庚等人物传记，记录了福建文化之于中国历史的影响，同时也以人物史的叙述方式生动地展现出中国人文精神的风骨和传统文化的传承。

今天，我们提倡和弘扬社会主义核心价值观，必须从中华优秀传统文化中汲取丰富营养，否则就会缺乏生命力和影响力。“福建历史文化名人丛书”记录了福建历史文化人物的价值观践行轨迹，重温了这批福建历史文化乃至中国历史文化史上重要人物的生命历程，以浅显晓畅、通俗易懂的叙述方式讲述了中华优秀传统文化传承的当代意义，开辟了社会科学知识进入千家万户的新路子。

“最忆市桥灯火静，巷南巷北读书声。”一套好的社会科学普及丛书，总是能带动起读书的风气。将学习作为一种追求、爱好和健康的生活方式，也是“福建历史文化名人丛书”所期望实现的目标。在文字中领略福建地域文化魅力，在阅读中传承传统文化养分，在感悟中提升人文道德情操，社会科学普及丛书的出版，可谓正当其时。

（作者系福建省人民政府原副省长，福建省政协原副主席）

# 目　录

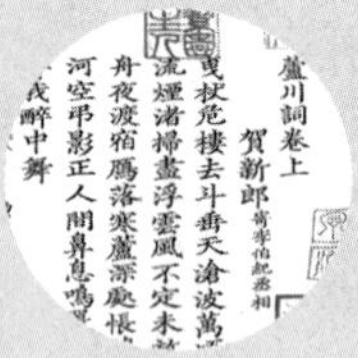

# 引言

梦绕神州路。怅秋风、连营画角，故宫离黍。底事昆仑倾砥柱，九地黄流乱注。聚万落、千村狐兔。天意从来高难问，况人情、老易悲如许。更南浦，送君去。　　凉生岸柳催残暑。耿斜河、疏星淡月，断云微度。万里江山知何处，回首对床夜语。雁不到、书成谁与。目尽青天怀今古，肯儿曹、恩怨相尔汝。举大白，听《金缕》。

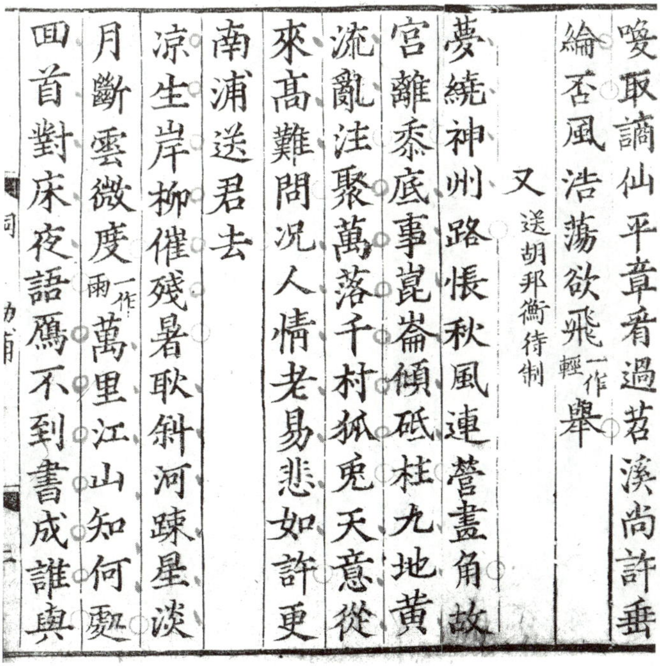

喚取謫仙平章看過苕溪尚許垂
綸否風浩蕩欲飛一作輕舉
又 送胡邦衡待制
夢繞神州路悵秋風連營畫角故
宮離黍底事崑崙傾砥柱九地黃
流亂注聚萬落千村狐兔天意從
來高難問况人情老易悲如許更
南浦送君去
凉生岸柳催殘暑耿斜河疎星淡
月斷雲微度一作雨萬里江山知何處
回首對床夜語鴈不到書成誰與

《贺新郎·送胡邦衡待制赴新州》

1933年，周恩来在建宁的一次会议上曾大声朗诵了这首名为《贺新郎》的词，并谈到这首词与词作者张元幹。他语重心长地说道：“我们共产党人要好好地学习这一首词，学习张元幹锄奸靖国、抵抗侵略的精神。不怕牺牲，前赴后继，去争取胜利。‘春蚕到死丝不断，留与世间御苦寒’，这样才对得起福建古人张元幹，才对得起福建今人烈士们！”

这首词名为《贺新郎·送胡邦衡待制赴新州》，词作者张元幹（1091—1161），字仲宗，号芦川居士、真隐山人等，福建永泰人。宋高宗绍兴十二年（1142年），胡铨因反对议和，被秦桧诸人陷害而再次遭贬，除名编管新州（今广东新兴）。在权奸横行之时，人人畏祸而避嫌，而张元幹在这样险恶的政治环境下，仍为胡铨送行，并作词以为纪念，以此表达自己对胡铨忠

张元幹像

贞刚正的赞叹，对胡铨个人受谗遭贬的不满。张元幹不畏权贵、“平生忠义”的高贵品质也在这首词中淋漓尽致地呈现出来。

这首词不仅仅在当时产生了巨大的影响，直到现在，当人们诵读这首词时，仍然被它的精神和气魄感染。词品见人品，“其忧国爱君之心，愤世疾邪之气，间寓于诗歌”，其豪迈悲壮的风格，是张元幹作品中最为突出，也最受后人赞誉的风格。当然，这种风格的呈现实际上是他身上所具有的忧国忧民、愤世嫉俗、刚正英雄等优秀精神品质的展现。张元幹诗词作品的广泛流传，也正体现了作为一个文人，其创作的艺术魅力和历史文化价值。

# 第一章

# 早年游学与仕宦

出身书香门第的张元幹，从小就受到浓厚的文学氛围熏染，这也为他日后的文学创作打下了良好的基础。20 岁时前往江西向徐俯学习诗歌句法，深受江西诗派“无一字无来处”的影响。政和三年（1113 年）三月，张元幹前往开德府（即澶渊，今河南濮阳）任职，开始了他的仕宦生活。

明代著名文学家曹学佺曾写过一篇名为《永福山水记》的小品，文中所记王翰故居、龙潭、方广岩、高盖山、方壶岩、洑溪等，将永福的青山、绿水、人家抒写得颇为超逸灵动。

文中的永福便是现在的福建省福州市永泰县。福州是一个具有2000多年历史的文化名城，曾经是闽越国、五代时期闽王政权的都城，水系十分发达。而永泰则濒

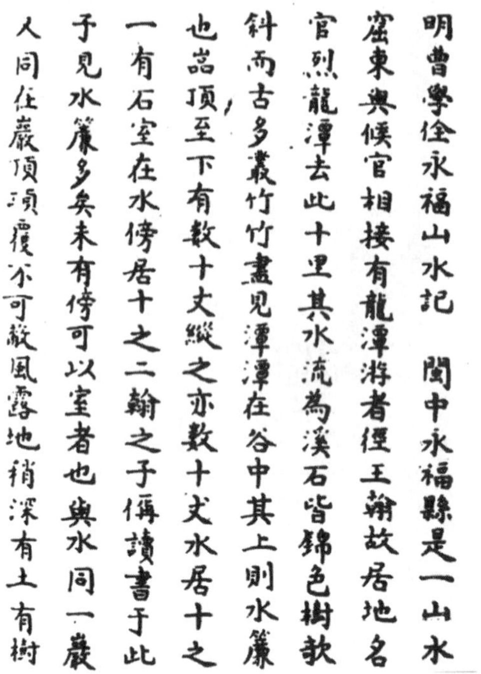
明曹學佺永福山水記　閩中永福縣是一山水
窟東與候官相接有龍潭游者徑王翰故居地名
官烈龍潭去此十里其水流為溪石皆錦色樹欹
斜而古多叢竹竹盡見潭潭在谷中其上則水簾
也嵓頂至下有數十丈縱之亦數十丈水居十之
一有石室在水傍居十之二翰之子偁讀書于此
予見水簾多矣未有傍可以室者也與水同一巖
人同在巖頂須霞不可敵風露地稍深有土有樹

（明）曹学佺《永福山水记》节选

依山傍水的福建永泰

临闽江的支流大樟溪。大樟溪自西向东横穿整个永泰，溪畔形成了不少丘陵、谷地，与永泰四周的高山相得益彰。这个山清水秀的小城在唐朝中期置县，隶属于福州，宋崇宁元年（1102年）因避讳宋哲宗泰陵而改为“永福”，后来因为容易与广西永福县混淆，民国时期又重新更名为“永泰”。

这个地方便是张元幹的故乡。

## 家世

北宋元祐六年（1091年），张元幹出生在福建永泰的一个官宦人家。

其实，故事还要从张元幹的七世祖张睦说起。

张睦（850—926），字仲雍，号宗和，河南光州固始（今信阳固始）人，唐昭宗年间随王绪入闽，并在侯官县十都（今福建福州）扎根安家。

据朱维幹在《福建史稿》中记载，王审知“任用张睦领榷货务”，即专门负责贸易和税收的管理事项。后来，王审知被封闽王，张睦则晋尚书右仆射，被封为梁国公。张睦去世之后，被葬于侯官太平乡兴和里赤塘山。后来，福建民众自发雕刻了张睦的塑像，并立祠于福州还珠门春风楼前（今福州东街凤池坊尾），名为“榷货大王庙”，以追思张睦的德行。

张睦生庑、膺、赓三子，后来长子张庑仍居旧所，次子张膺、三子张赓因避祸乱而来到“小溪望南而上，桃花流水，环绕沙洲，其形似月”的大樟溪畔月洲定居繁衍。张膺生鲁苗，鲁苗生

永泰月洲

郁，郁生仁建，仁建生昌龄，昌龄生肩孟。肩孟即张元幹的祖父。

张肩孟，字醇叟，是张昌龄的第四子，于宋皇祐五年（1053年）进士及第。其为官期间政绩斐然，官至朝散郎通判歙州，70岁之后辞官归家，在家中西边的“寒光阁”中教授张氏子孙课业。

张肩孟生有五子，名为励、劻、勴、劝、动，这五子皆登显宦，在当时便有“丹桂五枝芳”的赞语。张肩孟去世后，葬于仙宇观东，因其子皆为显贵，赠少师，谥“文靖”。张元幹后来一直将祖父的手泽带在身边，并请当时很多与他交游的仁人志士题跋其上，如徐俯、陈瓘、游酢、欧阳懋、何栗、吕本中、苏庠、杨时、汪藻、李纲等人。

张肩孟的幼子张动便是张元幹的父亲。张动字安道，以恩奏出身，官至龙图阁直学士，赠光禄大夫。宋徽宗崇宁（1102—

张元幹幼时读书处“寒光阁”

1106）年间，张动曾在邺地（今河北临漳）任职，与欧阳懋为同僚，二人常常诗酒相会。

元祐六年（1091年）正月初一，张元幹出生在故里永福，他是张动的长子。张元幹幼年丧母，儿时在乡间长大，十四五岁时便跟随父亲游宦他乡。父亲时常与朋友吟诗叠唱，这样的文学艺术氛围，使张元幹耳濡目染，也为他日后的文学创作打下了良好的基础。

## 读书经历

欧阳懋为张元幹祖父张肩孟的手泽题跋中有言：

余崇宁间，与安道少卿同仕于邺，公余把酒以诗相属，时仲宗年未及冠，往来屏间，亦与座客赓唱，初若不经意，而辞藻可观，莫不骇其敏悟。安道既入朝，其后数年，余亦归自河朔，再会于京师，仲宗事业日进。又数年，复见之，则已卓然为成材矣。盖其天资夙成，素有以过人也。至于竭力松楸，克勤祀享，笃于礼义孝爱之道，所谓文质彬彬者欤？

欧阳懋，可能一些读者觉得陌生，但是他祖父的大名则如雷贯耳，即大名鼎鼎的欧阳修。从欧阳懋所写的跋可以看出，张元幹的父亲不仅仅在郧地仕官，后又入京师朝中任职，还是比较显贵的。而张元幹则在跟随父亲游宦的过程中，经常与父亲及其同僚诗词唱和，受到了时贤的文学熏陶。

除了受父亲及其同僚在文学方面的耳濡目染，张元幹20岁时，曾前往江西向徐俯学习诗歌句法，《苏养直诗帖跋尾六篇》有道："往在豫章，问句法于东湖先生徐师川。"徐师川即徐俯（1075—1141），字师川，号东湖居士，洪州分宁（今江西修水）人，北宋著名诗人黄庭坚的外甥。他七岁能诗，入吕本中《江西诗社宗派图》，著有《东湖集》。徐俯在为张元幹祖父手泽所作的跋中，称赞张元幹在江西期间所作的诗歌作品已经褪去了少年时期的书生气，颇有老成之风。

在江西问学期间，据《苏养直诗帖跋尾六篇》载，张元幹还与洪刍、洪炎、苏坚、苏庠、潘淳、吕本中、汪藻、舅父向子諲诸人一同结社唱和，享受诗酒之乐，场面极其宏大。这些与张元幹唱和之人，皆属于北宋文坛负有盛名的江西诗派。吕本中作《江西诗社宗派图》，曾列黄庭坚、陈师道等25人于谱系中。因此可以说江西诗派是有宋一代声势浩大的诗歌流派之一。由于张元幹及冠之后在江西活动，其交游的对象多是江西诗派之人，而徐俯因为十分出众，江西诗派众人"皆服焉"，所以从诗学渊源上来说，张元幹说自己的作诗之法得益于江西诗派，也是符合事实的。

虽然《江西诗社宗派图》中的25人名单中，并没有张元幹，但是他却在诗歌创作的实践中贴合了江西诗派不少的主张。比如，江西诗派对唐代诗人杜甫特别推崇，而张元幹也经常在诗歌中化用杜甫的作品，如杜甫《江汉》诗中云："江汉思归客，乾坤一腐儒。"张元幹便将这诗句化用为"那知三家村，有此一腐儒"（《七月三日雨不止后一日作》）；还有一例比较典型，就是张元幹在《次韵刘希颜感怀二首》诗中有"山河还旧贯，草木有余悲"，便是化用了杜甫《春望》诗中的名句"国破山河在，城春草木深"。张元幹用创作来实践江西诗派"无一字无来处"的主张。

除了在江西求学之外，张元幹还入官学读书。政和二年（1112年），他前往汴京入太学读书。

太学，是古代设立在京城的最高学府，隶属于国子监。宋代，自仁宗推行范仲淹新政时，兴办太学，并制定了"太学令"。神宗时扩建太学，学生人数大幅增加，并推行"三舍法"：刚入太学是外舍；后经过定期考核而成绩优异者，则能升舍，即外舍可升为内舍；内舍生则每两年考试一次，经考核优秀者方能再升上舍。因此，成绩优秀的上舍生可以免于朝廷的礼部考试，直接赐予进士及第。张元幹日后便是以上舍生的身份及第，从而走上仕途生涯的。

在太学期间，张元幹与同学间的情谊较为深厚，特别是与同舍生何栗。何栗是政和五年（1115年）的进士第一，曾任秘书省校书郎、遂宁府知府、尚书右丞、中书侍郎等。读书期间，张元幹曾为亡友唐懿生整理诗帖，并清楚地将诗帖做好标记，仔细地卷好收藏起来。何栗为此而动容，对他真挚付出的"朋友之义"深感震惊和欣赏。因此，二人常常书信往来。而张元幹这种忠厚孝诚的气概也在整个太学中广为传颂。

## 锋芒初露

政和三年（1113年）三月，张元幹被赐予上舍生十九人及第，离开汴京前往开德府（即澶渊，今河南濮阳）任职，开始了他的仕宦生活。

张元幹早年的仕宦经历，对于他的一生有着极其重要的影响，这还要从他仕宦生涯中与陈与义、陈瓘、李纲等人的交往说起。

陈与义（1090—1139），字去非，号简斋，其先祖曾居于京兆，后曾祖父陈希亮迁居洛阳。政和二年（1112年），陈与义以上舍生十九人及第，宣和四年（1122年）除太学博士，南渡之后，累官至参知政事。陈与义是宋代有名的诗人、词人，与黄庭坚、陈师道并称为江西诗派的“三宗”。张元幹出仕开德时，陈与义已任职开德府教授。两人经常诗酒言欢。张元幹有《洛阳陈去非自符宝郎谪陈留酒官，予时作丞，澶渊旧僚友也，有诗次韵》：

寒水绕近郭，栖鸦蔽高原。
映带幽人居，暝色起草根。
衡门东南开，浊河日夜奔。
所喜古堤月，初出烟江村。
不入城市久，懒访亡与存。
羡子了万事，坐以一气春。

宣和六年陈与义出任陈留酒官，是受到了王黼罢相之事的牵连，所以从这首诗中，可以见到陈与义当时并非十分顺意的生活境况。不过张元幹还是十分钦佩陈与义，“羡子了万事，坐以一气春”，之前所写的萧瑟之景只是暂时的，陈与义也并没有因此而消沉下去，期待着他能开启灿烂万物生的春天，预示着美好的前景与未来。而陈与义在冬日里幽居时，也十分希望张元幹能与他一同优游，他在宣和七年所作的《招张仲宗》道：

北风日日吹茅屋，幽子朝朝只地炉。
客里赖诗增意气，老来唯懒是工夫。
空庭乔木无时事，残雪疏篱当画图。
亦有张侯能共此，焚香相待莫徐驱。

从陈与义的这首诗中，我们可以看出两人的关系十分融洽。在北风凛冽的冬日幽居在茅屋中取暖，面对着窗外的空庭乔木、残雪疏篱，懒洋洋地吟诗以自娱。此时此刻，此情此景，陈与义想到的是如果能请张元幹来此一同享受这淡泊悠然的生活，也别有一番滋味。

陈瓘也是对张元幹的一生影响深远之人。

张元幹于宣和二年（1120年）离开福建前往江西，与徐俯、洪刍交游，后离开豫章，前往南康拜谒陈瓘。陈瓘（1057—1124），沙县人，字莹中，号了斋，亦号了翁。元丰二年（1079年）进士。据余文豹《吹剑录》记载，了翁先生酷爱读书，每读一册，便用纸做记录粘贴在屋内墙壁上，直到整个房屋墙壁上贴满记录的片纸，才取下来合为一编，前前后后一共有数十册成书，并著有《尊尧集》《了斋易说》等。了翁先生明辨是非，以自己的一生不遗余力地与权奸邪贵作斗争，使张元幹深深地感动

并终生以了翁先生为榜样。他盛赞了翁先生“平生刚烈，论奸邪于交结之初；先见著明，力排击于变更之际。去国而分甘百谪，笃信奚疑；尊君而独奋孤忠，始终尽瘁”。（《贺陈都丞除刑部侍郎启》）

其实，张元幹此次前往江西陪侍陈瓘，在山水之间寻幽觅景数月时间，一是对陈瓘的为人处世心向往之，可以得以相见并受教于陈瓘。二是希望陈瓘能为祖父张肩孟手书作跋，陈瓘在跋中写道：“为士而能尊其祖，为子而能干父之蛊，此可久之习也。辞采灿然，足以有誉于世矣。”三是张元幹虽然踏上仕途时间不长，却也看尽政治中心的权奸行为使整个宋王朝每况愈下，“心知天下将乱，阴访命世之贤”，希望通过拜访陈瓘这样的刚正忠烈之人，一同“商榷古今治乱成败”。

此次会面，还有另外一个颇为重要的收获，便是陈瓘向张元幹推荐了李纲，“犹有李伯纪（指李纲）在，子择而交之”，陈瓘希望张元幹能与李纲结交。陈瓘与李纲是忘年之交，两人时常书信往来，陈瓘曾以李沆、王曾等名相的事业勉励李纲以天下为己任，完成宋朝的中兴事业。当发现张元幹亦有忠肝义胆和浩然正气之心，陈瓘也对张元幹颇为看重，希望他能与李纲相识并交游。

陈瓘去世后，张元幹回想起先生对他的教诲与提携，痛苦万分，于是自夏至秋，亲手审定陈瓘的作品，完成了对《了堂先生文集》的校雠工作。

宣和六年（1124年）春，张元幹自福建北上，过梁溪（今江苏无锡），前往拜访李纲。这是两人第一次见面。

李纲（1083—1140），字伯纪，号梁溪居士，今福建邵武人。徽宗政和二年（1112年）进士，宣和七年为太常少卿。钦宗继位后，为尚书右丞，主张抗金，反对议和。南宋高宗起用他为尚书右仆射兼中书侍郎，后又因上疏反对偏居东南一隅而遭到罢官。历任湖广宣抚使、江西安抚使、荆湖南路安抚使。绍兴十年（1140年）去世，赠少师，卒谥“忠定”。著有《梁溪集》180卷，包括诗、词、文等多种文体。作为一代抗金名臣，李纲强烈反对议和，并多次上疏讨论复兴大事，虽有短暂的官至高位，但终不被朝廷重用。

两人的第一次会面，李纲42岁，张元幹34岁。李纲倾听张元幹的谈论“鲠亮而可喜”，诵读张元幹的诗文作品“清新而不群”，认为张元幹不同于世俗之人，其为人其诗文皆颇有异趣，因此对张元幹刮目相看。而张元幹早在江西便已听闻李纲的雄才大略，仰慕已久。二人一见如故，畅谈古今成败之事直至深夜，于是订交。随后张元幹继续北上。四月，张元幹给李纲书信，希望李纲能为祖父张肩孟的手泽题跋，李纲应允并作跋。

两人能顺利地会面并能有相见恨晚之感，有一个因素值得注意，据《芦川归来集》附录的《宣政间名贤题跋》中李纲在宣和六年（1124年）的跋中可知，李纲早年其实已经与张元幹的父亲张动有交游之谊，而且也听闻张元幹少年时期聪颖敏捷，只是未曾谋面而已。当然，最为重要的还是两个人在为人处世、思想观念与政治主张方面的相合，因而他们的相见恨晚也顺理成章。正如李纲所说的“士之难知久矣”，在一个知己难寻的年代，寻得张元幹这样的知己，也是人生的一大畅事。

唐太師
梁國公
宗功祖德
英才逢泰運大啟禎祥
元德振洪猷長延統緒

# 第二章

# 中年遭贬后的漂泊

靖康元年（1126 年）正月，金兵长驱直入，围攻汴京，张元幹入李纲幕府担任其属官，辅佐李纲抵御外敌。然而，受议和派的攻讦，张元幹与李纲等主战派纷纷被贬。张元幹怀着对国家民族危亡的担忧，开始了自己漂泊漫游的生活。

## 靖康之难的浴血奋战

宋代推行重文轻武的政策，因此文人在朝廷中占有极高的地位。然而，随着君权的日益巩固，党同伐异的政治斗争不断上演，内耗逐渐凸显，宋王朝的发展受到严重扼制。宋徽宗时期，北宋的政治进入了一个异常黑暗、腐朽的时期，除了重用蔡京、高俅、童贯等奸臣之外，各地农民起义不断，社会矛盾逐渐激化，百姓苦不堪言。张元幹在宣和三年（1121年）因方腊起义而在家乡避乱，“别曾几何，乱起方腊。克勘南征，爰奋北伐。四海横溃，我还旧庐”，还好在返家途中被西禅隆老救助，方才免于遭罹。

同时，北宋王朝在外政方面也节节退让。宣和七年，北方女真族灭亡辽国后，便将目标转向了日趋衰落的北宋王朝。九月，清化县（今河北香河）榷盐场向燕山府（今北京西南）上报金人已前来抢劫民众、焚烧民舍之事，但是当时的大臣因临近推恩之事，并未上报朝廷。同时，河东守臣也向童贯报告金人集结军队南下之事，希望朝廷未雨绸缪，早作迎敌准备，然而童贯不作理会。因此，整个北宋朝廷上至徽宗，下至百官，浑浑噩噩，不知危险将至。十月，金人兵分两路分别由太原和南京（河南商丘）大举进攻北宋京师，宋军防御不力，节节败退。形势危急之际，徽宗君臣才反应过来，朝廷上下一片混乱。徽宗惧怕敌寇，想要出逃襄汉避难，给事中吴敏向徽宗推荐了太常少卿李纲，建议重用他以固守京师。李纲当即上疏抵御外敌之策，并建言传位于太子，以招徕天下之英雄豪杰。于是，徽宗退位以收将士民众之心，传位于太子赵恒。

同年十二月，太学生陈东等人上书，请求将“六贼”蔡京、王黼、童贯、梁师成、李彦、朱勔“异名同罪”斩杀，钦宗将六人或斩杀或流放，民怨方才得到一定的宣泄，北宋亦出现政治上的一线生机。

靖康元年（1126年）正月，金兵长驱直入，围攻汴京。钦宗任命尚书右丞兼知枢密院事李纲为东京留守、亲征行营使，以抗击来势汹汹的金兵。张元幹得知情况后，当即从陈留赶往汴京，入李纲幕府担任其属官，辅佐李纲抵御外敌。

张元幹一入李纲幕府，便投入汴京保卫战中，同众将士与敌军日夜兼战。靖康元年正月初八晚，金兵攻打水西门，并用数十只火船沿汴水而至城门下。李纲见军情危急，一边急忙招募2000死士，一边安排布阵拐子弩，当金人火船开至城下，便用长钩逼迫，令金人船只靠岸，随后从城墙上投石块将船击碎，敌人只能落入寒冬里的汴水中。当然他也在河流中游做了防御工作，安排杈木横在水中，并派人将石头叠放于门道间，这样也在水中斩获敌军数百人。正月初九，檄文又传报军情紧急，李纲与张元幹等属官全部登城督战，以此激励众军将士。将士们或以手炮檑木击敌，或以神臂弓远射，或以床子弩座炮攻击。在众将士艰苦卓绝的抵抗下，金兵或乘舟溺亡，或登梯坠亡，或被石块击中而倒，伤亡十分惨重。正是李纲带领张元幹等人不分昼夜地抗击杀敌，金兵才不敢继续攻城，最后引兵北去。京师之危方解。

金人企图未能得逞，选择退师议和。朝廷众君臣看到金人愿

意停战，便同意了金人的议和条件。然而，宋金议和的内容中有很多不能为有识之士接受。其中就包括割让三镇、亲王为质，以及赔偿金银财宝等。“三镇”指的是太原、中山、河间，这三个地方都是北方金人通往北宋汴京的要道，是朝廷的屏障，虽说金人的要求只有三镇，但是如果将这三镇割让给金人，宋地十多个郡县便都处于危险的境地，大宋也将陷入危机。

当时强烈反对割让三镇的还有张元幹在太学时的同窗好友何栗。何栗在钦宗上位后被任命为尚书右丞、中书侍郎，对于金人提出的要求，他说：“三镇，国之根本，奈何一旦弃之。况金人变诈罔测，安能保必信？割亦来，不割亦来。”他不仅提出三镇在北宋防御系统中的重要性，也道出了金人善变、背信弃义的事实。然而当时的宰相还是希望以割地议和而换取暂时的安定。何栗又说：“河北之民，皆吾赤子，弃地则并其民弃之。岂为父母意哉？”他的话令钦宗动容。再者，和议条件中以亲王作为人质前往金地，着实苛刻而无理。但即使是这样的议和条件，还是让钦宗和很多大臣心动，他们仅仅看到的是这些条件可以换来暂时的平安，却没有想到金人提出退师议和，实际是金人在战场上失利后采取的缓兵之计。如果议和，便是对前线浴血奋战的将士睡不解衣、吃不尽餐、艰苦卓绝厮杀而取得的战果的无视。因此，对于金人开出的议和条件，李纲与张元幹等人坚决反对，并希望趁金兵准备退兵北归之际，“半渡而击之”，以此全面击灭金人南下侵扰的野心，永保大宋安宁。然而钦宗并未采纳。所以，即使金兵退师，汴京之围得解，也无法令张元幹开心，他在《丙午春京城围解口号》诗中写道：

戎马来何速，春壕绿自深。
要知龙虎踞，不受虎狼侵。
九庙安全日，三军死守心。
倘为襄汉幸，良复见于今。

这首诗反映了靖康元年（1126年）张元幹对国家遭难的复杂心态，其中有爱也有憎。爱的是面对来势汹汹的金兵，李纲等人与三军将士死守抗战，击退敌人，使“九庙安全”，国家免于祸患；憎的是“虎狼”般的金人入侵家园的行径，还有对朝廷投降派的辛辣讽刺。

当三军将士浴血奋战之时，宰相白时中却主张钦宗放弃汴京，出逃襄、邓。

## 主张抗战，获“罪”遭贬

靖康元年（1126年）京师保卫战过后，李纲和张元幹等主战者，相继遭到贬谪。

自从协助李纲抗击外敌之后，张元幹便引起了朝廷的注意。京师保卫战后，少宰吴敏奏请宋钦宗置司辟属，以此讨论祖宗旧法，革除朝廷弊政。钦宗下诏命少宰吴敏、太宰徐处仁各自推荐官员，徐处仁推荐张元幹为详议司兵房检讨官，同时被推荐的还有不少张元幹的故交旧友，如向子諲、吕本中、江端友诸人。能与这些故旧同僚共事应是可喜之事，然而当朝的言官认为这个机构本身设置不是特别合理，所以并未开局讨论。因此，张元幹在这个任职上并无建树。

虽然此时金人退兵，但太原、中山等镇仍被金人围困，因此战争并未完全停止。然而朝廷在抵御外敌方面的争论却愈演愈烈，主要表现在以李纲为代表的主战派和以耿南仲为代表的主和派之间的矛盾不断加深和激化。

李纲在京师保卫战中的英勇表现并未得到朝廷的欣赏，反而被朝廷众人视为眼中钉。特别是当金人提出议和条件时，钦宗被左右群臣的议和言论所迷惑，即使李纲据理力争，也无法改变宋金和议的局面。靖康元年（1126年）二月，朝廷罢去李纲尚书右丞和亲征行营使的职位，同时废除了行营使司，意欲以此治罪于李纲以谢敌。然而，朝廷的所作所为引起了民众强烈的不满。曾上书斩杀蔡京等六贼的太学生陈东听闻后，率领诸生伏于宣德门下，上书陈言李纲是社稷之臣，而李邦彦、白时中、张邦昌等人是社稷之贼，希望朝廷听取民意，近贤臣而斥贼属。民众的陈情，使钦宗与主和派对李纲有所忌惮。因此，李纲与朝廷的保守势力之间的矛盾慢慢凸显。

同时，金兵暂时北退后，李纲对于朝廷在边关战事上不闻不问的态度深感忧虑和不满，因而经常上书献计献策以抵御敌寇，但每次讨论到这些问题时，都被耿南仲等人阻止，御敌之策也没有办法讨论和实施。朝廷战、和两方相持不下的局面愈演愈烈，直至六月，李纲被排挤出朝廷为河北河东路宣抚使，以支援太原战事，实际上是保守派欲借此机会将李纲驱逐出朝廷。

张元幹为李纲之事鸣不平，后来葛胜仲在《次韵张仲宗元幹绝粮五绝》其五中言：“中台宏议裨初政，学省雄文畏后生。”以此盛赞张元幹对当时时局的正确认识和坚定的信念。

可以说，张元幹即使没有遇见李纲其人，他也会选择抗战到底，他希望通过从军立功以实现自己的志向和抱负。他在《陇头泉》词中道：

少年时，壮怀谁与重论？视文章、真成小技，要知吾道称尊。奏公车、治安秘计，乐油幕、谈笑从军。百镒黄金，一双白璧，坐看同辈上青云。事大谬，转头流落，徒走出修门。三十载，黄粱未熟，沧海扬尘。　　念向来、浩歌独往，故园松菊犹存。送飞鸿、五弦寓目，望爽气、西山忘言。整顿乾坤，廓清宇宙，男儿此志会须伸。更有几、渭川垂钓，投老策奇勋。天难问，何妨袖手，且作闲人。

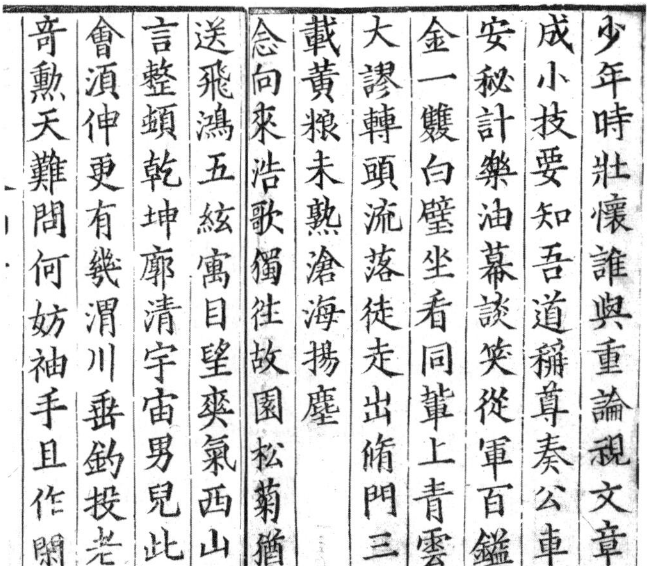
少年時壯懷誰與重論視文章真
成小技要知吾道稱尊奏公車治
安秘計樂油幕談笑從軍百鎰黃
金一雙白璧坐看同輩上青雲事
大謬轉頭流落徒走出脩門三十
載黃粱未熟滄海揚塵
念向來浩歌獨往故園松菊猶存
送飛鴻五絃寓目望爽氣西山忘
言整頓乾坤廓清宇宙男兒此志
會須伸更有幾渭川垂釣投老策
奇勳天難問何妨袖手且作閒人

《陇头泉》

少年时期憧憬着从军立功，如今变为现实，“笑谈曾击贼，谋略合临边”（《送赵公远往建康》），是多么值得他骄傲的过往！所以，莫说文人仅能对月吟诗、对花垂泪，文人也期待着在山河飘摇中为国家、民族作一番事业。可是现实给了他沉重的打击，“整顿乾坤”的理想终究化为泡影。

当然，与李纲的相遇和惺惺相惜，正是在于他们二人在价值观等方面的不谋而合，因而张元幹对李纲的支持也是他实现自我抱负的一种展现。

靖康元年（1126年）九月，太原府陷落。太原的沦陷对于主战派来说是十分不利的，主和派趁机排挤主战派在朝廷中的势力，他们疯狂攻击李纲及其支持者。正如吕本中所说：“金人再犯京师，谢克家、耿南仲党人往往在围城中，皆前日力攻李纲者。纲既相，复以围城中事中伤之，以邦昌僭号叛逆，凡在围城中皆次第定罪。”李纲先是罢河北河东路宣抚使，以观文殿学士知扬州。没过多久，又因“专主战议，丧师费财”，罢知扬州，提举洞霄宫。

李纲被贬，张元幹、张焘、刘珏等人与李纲同日遭贬。张元幹对“罪放丙午末”这种莫须有的“罪名”表达了自己的不满，同时也流露出对国家民族前途的担忧。

靖康元年，对于张元幹和李纲有着不同寻常的意义。这一年，面对外敌入侵时，他们展现出毫不畏惧的英雄本色，为国家、为百姓而与金兵浴血奋战；这一年，面对朝廷上下对主战人士的排挤，他们亦毫不畏惧，迎难而上，只求无愧于家国和自己的真心；这一年，北宋王朝风雨飘摇。进入冬天后，金兵如入无人之境，闰十一月二十五日，京城沦陷，金人所到之处，烧杀抢掠，无所不为，受苦受难的平民百姓在寒冷的冬日里狼狈地走过亲人的尸身，积聚的愤恨之情无法释放。北宋的最高统治者被掳掠至北境，受尽屈辱与折磨。北宋灭亡。

与徽宗、钦宗同时被俘至北境的就有张元幹的同窗好友、曾在割让三镇的问题上立场坚定的何栗。何栗在金兵长驱直入的情况下被钦宗任命为相，汴京失守之后，他也随徽宗、钦宗被掳至金营。到五国城后，何栗悲恸不已，绝食而亡，年仅39岁。

张元幹被贬罢后，漂泊于江苏，京城失守后，面对破碎的山河、骤变的境遇，他奋笔写下《感事四首丙午冬淮上作》：

其一

国步何多难，天骄据孟津。焦劳唯圣主，游说尽奸臣。
再造今谁力，重围忌太频。风吹迁客泪，为洒属车尘。

其二

血洒三城渡，心寒两路兵。洛师闻已破，陵邑得无惊。
愤切吞妖孽，悲凉托圣明。本朝仁泽厚，会复见承平。

其三

戎马环京洛，朝廷尚议和。伤心闻徇地，痛恨竟投戈。
始望全三镇，谁谋弃两河。群凶未菹醢，吾合老江波。

其四

肉食贪谋己，几成国与人。珠旒轻遗敌，玉册忍称臣。
四海皆流涕，三军盍奋身？不堪宗社辱，一战靖边尘。

张元幹将靖康之变的历史事件入诗，以诗歌这一文学样式，侧面反映国家遭遇外敌入侵时，上至帝王将相，下至黎民百姓的生活境况，并对当时外敌压迫下统治阶层的腐败无能进行强烈谴责。他在诗中直白痛斥“奸臣”当道，“肉食贪谋己”，他们为了自己的一己私利而使整个国家陷入“尚议和”、无法“全三镇”的艰难境地。同时，也表达了自己愿意为了国家和百姓“一战靖边尘”，意欲力挽狂澜的决心与壮举。

张元幹在文学作品中所表现出来的忠肝义胆、一身正气，当然与他本身的性格有着直接的关系。但是当面对山河沦陷、君主被掳的残酷现实，他的思想也产生了巨大的变化。如果说，京师保卫战之前，他还会创作一些作为文人士大夫流连光景的作品，随着时局的巨变，他更加直接地了解到外敌入侵带给国家百姓的灾难，而政治上被主和派时时逼迫的处境又令他无法宣泄感情，因此只能将文学作品作为他精神上的依托、情感上的宣泄口。

元代方回在《瀛奎律髓》中言及，靖康之变京师沦陷时，吕本中、徐俯、汪藻等与张元幹交好的诗人都处于汴京这一围城中，然而这些诗人对于时局的痛愤作品几不多见。方回便认为他们可能因为惧怕忤逆当时的统治者和权臣，而将有关靖康之难的作品从自己的作品集中删除，或者直接以沉默来表达自己对这一事件的态度。后来秦桧当权时，即使存在卖国求荣的卑鄙之事，大多数普通的士大夫均不敢发声责难。但是张元幹却实实在在地对统治阶层和权奸误国者给予强烈谴责，足见张元幹的不畏权贵和忠勇刚直。

## 漂泊吴越间，萌生归隐意

遭贬后的张元幹，从靖康元年（1126年）十月起，开始了自己漂泊漫游的生活。这样的生活仿佛没有任何牵绊，走到一处地方便停留下来，与当地的友人吟诗唱和，好不自在。不想停留了便继续前行。如果放在和平年代，这样惬意的生活方式还是很受士大夫欢迎的。然而，张元幹漂泊的生活却是以山河破碎、家国无存为时代背景的，个人更是跌入人生的低谷。没有所谓的谒府参官的身份，只作一个着衣吃饭的人。因此，这种貌似惬意的生活实质上是漂泊无依的，又夹杂着家国情仇在其中。张元幹在这漫游漂泊的生活中尝尽了人生百味，因此也逐渐萌生了归隐家园的念头。

于是，张元幹离开汴京，一路南下。流落到淮上之时，听闻徽、钦二帝被俘，京师沦陷，想到自己与众将士死守京师的努力毁于一旦，心情颇为激愤。后自淮上经建康（今南京）至镇江停留，偶遇同被贬黜的好友江端友。江端友（？—1134），字子我，号七里先生，开封陈留人，靖康元年（1126年）赐同进士出身，同年七月，因上书辩宣仁皇后诬谤，被罢黜出京。一时间两人同病相怜，纷纷以诗歌唱和的方式表达各自的遭遇与悲哀。张元幹留下了《次江子我闻角韵》一诗：

夫差故国萦寒水，铁马南来忽振缨。
城上昏鸦争接翅，舟中逐客谨逃名。
胡笳怨处风微起，浊酒醒时梦易惊。
飘泊似闻山寺近，真成夜半听钟声。

建炎元年（1127年）春，张元幹过梁溪（今江苏无锡），与李纲的胞弟李维、李经和李纶一同游惠山寺，并作诗《陪李仲辅昆仲宿惠山寺》以纪：

苍山崤崒中，殿古起野色。
仰空象纬高，抚事戎马隔。
三子俱人豪，语默有典则。
安知今夕游，值此老宾客。
危言惊鬼神，怀旧痛京国。
寄书白帝城，问道屈原宅。
三春闻竹枝，万里共凄恻。
风来松柏悲，月落世界黑。
相看炯不寐，袖手了无策。
去去更酌泉，吾生易南北。

诗中对李纲充满溢美之词。同时，“危言惊鬼神，怀旧痛京国”的故国之思、黍离之感跃然纸上。

停留不久，张元幹继续南下到云间（今上海松江），并过访黄锾。黄锾也是福建人，字用和，建州浦城（今南平浦城）人，政和五年（1115年）进士，在李纲任河北河东路宣抚使时，黄锾也是李纲的属官，因此张元幹与黄锾情感上颇为相近。两人见面后，张元幹作《过云间黄用和新圃》一首：

缭池剩欲开花径，傍舍先须作草堂。
雨后不妨频检校，客来留得共徜徉。
故园怪我归何晚，避地输君乐未央。
待得功成方卜筑，岂如强健享风光？

张元幹

这首诗前两联便以友人新圃作为描写对象，描绘了一幅主客在繁花似锦的小院中悠然自得的情景。尾联则由友人新开园圃联想到自己的家园。国家还在危难之中，自己还没有实现抱负和理想，怎能回归家园领略美好风光呢？

不久之后，张元幹从云间继续南下，来到杭州，寓居于西湖。此时的杭州，还未成为南宋小朝廷的都城，距离战火不断的中原地区相对较远。因此，他在这里也算度过了一段相对安定的生活。然而，在面对西湖春景时，他仿佛也被敷着上一层淡淡的忧伤，“春雪带飞雨，冷色来苍岑。孰知戎马盛，但见藤萝阴”（《丁未岁春过西湖宝藏寺作》）。好景不长，八月初，杭州军校陈通在钱塘营卒婴城起兵作乱，新城令御营司统制王渊带领乡兵前来平乱，历时四月，叛乱才被平定。在这场兵乱中，寓居西湖的张元幹也受到了影响，他收藏的秦观手稿《访龙井辨才师行纪》因兵乱而丢失。

为了避乱，他不得不离开杭州，在吴越间继续漂泊。

自徽宗、钦宗被俘往金地之后，康王赵构在南京（今河南商丘）继位，史称宋高宗，改元建炎，南宋王朝自此开始。高宗为了使天下人信服，也为了平衡北宋向南宋过渡时期朝廷的势力，启用李纲这位在北宋末年拥有民心军心、颇有声望的前相，任他为尚书右仆射兼中书侍郎，命他整顿军政、修订律法。但是李纲一贯的抗金主张和尽忠直率的性格，不仅受到了权臣汪伯彦、黄潜善的诋毁，也引起高宗的疑心、忌讳和不信任。因此，李纲在相位上仅75天便受排挤而去。

而这时，北方大片肥沃而富足的土地逐渐成为金人的统治之地，宋王室也随着金兵的不断南下而一再向南逃离，放弃了中原。建炎三年（1129年），高宗逃至扬州，二月，金兵攻破天长军，距离扬州已不远。高宗得知军情之后，立即逃离扬州，行往镇江，再到临安府（今杭州）。高宗的出逃，令上下官民一片混乱，使扬州军民恐慌不已。金兵破城后，扬州很多来不及渡江的民众陷入绝望，或相拥沉江，或成为金兵的俘虏，金人大肆烧杀抢掠，一度繁华昌盛的扬州城成为一座死城。

南宋王朝自建立至建炎三年（1129年）短短不到三年的时间内，不仅在对外战争中力不从心，节节败退，迫使王室一再南迁，在内政方面也出现了巨大的危机。建炎三年三月，从扬州逃离的南宋小朝廷来到杭州，因朝廷官员勾结宦官，祸国殃民，引得军民不满，苗傅、刘正彦以“为民除害”之名发动兵变，逼迫高宗退位，另立三岁的皇子赵旉为皇帝，改年号为“明受”，皇太后听政。虽然这次兵变不过数月便被吕颐浩、张浚等人平定，高宗也恢复皇位，但这对宋王朝政坛来说是一次巨大的震动。关于这次的历史事件，张元幹作《返正》诗以纪：

诸将争传檄，群凶尚阻兵。
天旋黄屋正，日转赤墀明。
丧乱多妖孽，经纶贵老成。
鲸鲵终必戮，草木已知生。

在诗中，张元幹对于苗、刘叛乱给予否定，对于高宗最终平定叛乱则有一些欣喜。这也是可以理解的，张元幹是一个极为传统的儒家士子，当家国蒙难之时，他希望的是大宋朝野同舟共济、齐心合力渡过难关。苗、刘等人叛乱的起因虽然是出于对统治者的不满，但如此之内耗毕竟很容易使外敌乘虚而入，使国家再次重蹈靖康之耻。因此，虽然他对朝局有诸多不满，但仍希望朝廷内部稳定、共御强敌。当然，他在诗中也告诫统治者，之所以出现这样的叛乱，需要从自己身上寻找原因，更希望自己治乱的建议得到实施。

杭州地区不仅出现了苗、刘兵变，各地如薛庆、郭仲威等盗贼也趁乱打家劫舍、掠夺粮食，百姓生活苦不堪言。张元幹看着日渐衰颓的形势，心中愤慨而写下了《石州慢·己酉秋吴兴舟中作》：

雨急云飞，惊散暮鸦，微弄凉月。谁家疏柳低迷，几点流萤明灭。夜帆风驶，满湖烟水苍茫，菰蒲零乱秋声咽。梦断酒醒时，倚危樯清绝。　　心折。长庚光怒，群盗纵横，逆胡猖獗。欲挽天河，一洗中原膏血。两宫何处，塞垣只隔长江，唾壶空击悲歌缺。万里想龙沙，泣孤臣吴越。

这首词上片主要写景以抒情。一阵暴风骤雨后，雨云已随

着雨势逐渐散开，只有被惊散的昏鸦、寂寥的冷月、低垂的疏柳和时明时灭的萤火虫在雨后的寂寥中更为明显地存在，这是一种沉闷的存在。张元幹在这样的环境下划一叶扁舟，驶入苍茫的湖中，听到了菰蒲凌乱的悲歌。可以说，整个上片在动静结合、情景交融中呈现出张元幹在阴冷而悲凉的环境下越发高洁伟岸的人格，而这种悲凉寂寥之景更加衬托出战乱后现实的社会境况。下片以“心折”两字转入对于现实政局的正面描写。“群盗纵横，逆胡猖獗”便是对宋王朝内外政治困境的交代，因此他化用杜甫诗中“安得壮士挽天河，净洗甲兵长不用”来抒写“欲挽天河，一洗中原膏血”的强烈愿望。然而他所面对的现实，已经不仅仅是宋王朝内部的忧患，还有来自外敌的侵扰。此时他不知道“两宫”——宋徽宗、宋钦宗所在何处，国耻未雪；宋王朝国土日渐沦丧，只能靠天堑长江来维系宋王朝暂时的稳定与保障；同时，以他为代表的主战派却屡遭迫害，“唾壶空击悲歌缺”，年岁日长，却无法报效家国。这些现实的障碍，使他难以实现“欲挽天河，一洗中原膏血”的愿望，因此，“万里想龙沙，泣孤臣吴越”才是他现实的处境，“龙沙”与“孤臣”相隔万里，更增添了他的悲戚之情。因此，清代著名词人、词评家陈廷焯说这首词“忠爱根于血性，勃不可遏”。

张元幹在钦宗朝落职之后，长期漂泊于吴越之间，即使有报效国家的意愿，也无人赏识，难以实现自己的理想与抱负。但是，到了高宗建炎三年（1129年），他曾任将作少监一职，掌管宫室、城池、桥梁、舟车等的营造修缮事宜。这段经历在相关史书中没有记载，据《永泰张氏宗谱》中所说，张元幹曾官至朝奉郎将作少监，并且有高宗御赐的“虽无銮驾，如朕亲作”的金牌，再加上他曾在《贺张参政启》中提到自己“尝陪法从”，即他曾经伴随皇帝的车驾左右。我们可以推测，漂泊吴越期间，他可能与一路逃难的高宗相遇，并有了他所说的随行左右的这段经历。因此，他官至将作少监便有迹可循了，也为他后来跟随高宗行至海边及其间发生的一些变故提供了较为合理的解释。

永泰张氏宗祠悬挂匾额

建炎三年十月，高宗逃至越州（今浙江绍兴），因金兵逐渐逼近，只好继续逃难，来到了明州（今浙江宁波）、定海（今浙江定海）等地。宰相吕颐浩提出“驾乘海舟以避敌”的建议，高宗刚开始还装腔作势地反对这一建议，道：“士大夫当知义理，岂可不扈从？若如此，则朕所至乃同盗寇耳！”朝廷众臣对这个航海避敌的计策意见不一致，有的大臣如吏部侍郎郑望之等人以疾病推托不至，有的大臣如给事中兼权直学士院汪藻等则建议放弃航海之策，改为陆行。后来，因金军已兵临定海，情况紧急，高宗也无暇顾及其他，下诏“百官、有司随便寓浙东诸郡”，而跟随他一起航海的只有6人。张元幹此时也跟随高宗来到了海边，并熟知当时朝廷制定这一计策的前因后果。他曾在《建炎感事》一诗中写道：

……

作意海边来，初非事干谒。责我卖屋金，流言尚为孽。
汪公德甚大，游说情激烈。力救归装贫，一洗肝肺热。
如公趋急难，正似古豪侠。行藏道甚明，亲养志先决。
去矣第三间，无问衣百结。他时期卜邻，此日尤惜别。
请以兄事公，尺书未宜辍。

可以说，张元幹当初选择“作意海边来”，并非为了所谓的“干谒”，而是想要有所作为，期望可以实现自己“欲挽天河，一洗中原膏血”的抱负。然而在近距离地接触朝廷核心集团之后，他对于高宗所选择的一味逃避、不思进取的“航海避敌”决策极为不满。另外，他在此时也受到了前所未有的诽谤和打击。这便是他在诗中所提到的“责我卖屋金，流言尚为孽”。

关于“卖屋金”一事，从现有的史料和作品中难以找到这一事件的明确线索，但是我们可以从一些诗句中约略了解这件事情的前因后果。

当初张元幹选择追随高宗至海边，仅仅是希望高宗能对他有所赏识，希望通过高宗来实现收复中原、报国雪耻的理想。但是在当时朝廷众臣看来，这样一位在北宋末年因主张抗战而被贬赋闲之人，不远千里追踪而至，肯定是有所图的。再加上张元幹对于朝廷的航海避敌政策很是不满，以他耿直豪气的性格，必将在言语或文字上表达出来，一定程度上可能引起这些朝臣们的不满和敌意。另外，张元幹在这一年的年初曾被任命为将作少监一职，执掌土木宫建营造之事，“卖屋金”可能与此有所关联。他因为此事遭受到了前所未有的诽谤，一时间流言蜚语充斥于朝廷上下，高宗当时应该相信了外界对于张元幹的诋毁，想要严惩张元幹。另外，高宗虽然在即位之初提拔李纲为相，但是倚重的仍是投降一派，他本人对于李纲以及支持李纲的主战人士也十分不满，他曾说：“（靖康）伏阙事倘再有，朕当用五军收捕尽诛之。”作为李纲属官的张元幹，高宗也十分忌惮。因此，当时朝廷可能自上至下一致要对张元幹有所惩罚。幸得朝臣汪藻的鼎力支持和救助，张元幹方才化险为夷。

汪藻（1079—1154），字彦章，饶州德兴（今属江西）人，年长张元幹11岁，是张元幹少年时期游学江西时结交的诗友之一。汪藻也曾拜师徐俯门下，并向徐俯讨教作诗入门之法，两人可谓同出一门。汪藻十分赏识张元幹的人品，因此极力为张元幹辩白。

张元幹本想投靠朝廷有所作为，却没想到会受到这般流言诽谤，痛苦万分，漂泊吴越时隐约萌发的归隐之心在此刻也变得异常坚定。于是他整理行装，与汪藻话别，隐退家园，“我辈避谗过避贼，此行能饱即须归”（《次韵奉送李季言四首》其四），“频遭白眼伤流俗，谁向青门念故侯”（《次韵元功、才友道中见贶，因以解嘲》）。

# 第三章

# 隐居闽中与被捕入狱

遭受贬谪后，张元幹回到福州老家隐居，然而他仍默默关注国家和民族的命运。所幸还有一些意气相投、能与之共同举杯畅谈人生的师友。但这也让他再一次遭遇飞来横祸，他因作词为上书请斩秦桧的胡铨送行而得罪秦桧，最后被捕入狱、削籍除名。

# 壮年归隐闽中



离开高宗一行，张元幹曾举家在吴兴（今浙江湖州）避乱，在拜访沈琯、沈与求兄弟时，写下了一首《过白彪访沈次律有感十六韵》：

天骄毒中原，国势苦日削。一为虚声摇，颠沛几失脚。
翠华栖海隅，此戏亦太虐。忽闻哀痛诏，迸泪向寥寞。
何当速悔祸，四海安耕凿。乃者浙西帅，望风先即却。
坐令临安城，开关犹白著。只今锋镝余，冤鬼号冥漠。
赏罚二大柄，倒持示微弱。岂无英雄人，戴宋心未薄。
有如沈使君，忠义等筹略。始终誓复仇，志愿久已确。
浮家来水村，避乱畏矰缴。行矣收功名，远过麒麟阁。
气投平生欢，事付今夕噱。吾衰世无用，鼓勇徒矍铄。

这首诗虽然是过访好友有感而作，张元幹却将当时不少的政事写了进去。诗中既写了金人荼毒中原的行径使大宋王朝日渐衰落，还写了高宗逃至定海县定策航海避敌之事，并提及高宗作为一国之君，没有及时“速悔祸”，使得中原地区陷入金人的烧杀抢掠中。同时，还表达了对高宗不能重用贤能的强烈不满。

绍兴元年（1131年），张元幹将之前几年累积下来的归隐念头化为现实，他以右朝奉郎致仕，开始了真正的闲居归隐生活。这一年，张元幹41岁，正值壮年。

朝廷在内忧外患中的不思进取令张元幹心寒。这时的大宋王朝，山河沦陷，百姓流离。为保一时之安，朝廷选择了节节退让，然而即使偏安一隅，也时时东逃西躲，国事日非。如果此时还有如李纲等正直坚定的相臣辅佐皇帝左右，大宋王朝突出重围乃至恢复元气或许还有一线生机，但是事实并非如此。南渡以后，在张元幹眼中，宋高宗并非一代英明之主，他所任用的并非贤臣良将，大多是卖主求荣、胆小奸诈之人，将整个国家交予这样一群宵小之徒手中，无异于毁国灭种。正如南宋诗人林升所作的《题临安邸》：“山外青山楼外楼，西湖歌舞几时休。暖风熏得游人醉，直把杭州作汴州。”在这样的环境下，张元幹对于朝廷仅存的一丝希望也被摧残无几。

绍兴元年初，张元幹途经山阴（今浙江绍兴），年底方回到福州。

张元幹故居

然而，张元幹的隐居与他的舅舅向子諲不同，向子諲完全隐退15年，割舍一切，张元幹却一直默默关注着国家的命运。他在《戊午岁醮词》中说：

少有意于功名，壮适丁于离乱。去国门者逾一纪，脱班簿者将十年。非不贪厚禄以利妻孥，私忧四海之横溃；非不好美官以起门户，痛愤两宫之播迁。忍耻偷生，甘贫削迹。挂衣冠而不顾，辱沟壑以何疑？

张元幹以自我调侃的口吻陈述在职为官可以赚钱养家，可以有不错的生活环境，然而眼下的情景却是“四海横溃”“两宫播迁”，即使辞官隐居也渗透着他对神州大地遭逢创伤时的悲痛情绪。可以说，他的内心交织着出世与入世、旷达超然与世事难忘的矛盾。这些冲突和矛盾尽显于他的作品中，如《次韵陈德用明府赠别之什》：

人欺季子敝貂裘，谁信班生万里侯。
小隐故山今去好，中原遗恨几时休。
春争残腊寒梅早，雨涩晴冬宿麦忧。
老眼相看炯无语，浊醪何日更浇愁。

这首诗是张元幹辞官后即将离开吴越前往家乡时，答谢好友陈德用为之送行所作，诗篇以春秋时期吴季札不受君位以及汉朝班超的典故，来表达自己虽然即将归隐家乡，却无法忘记“中原遗恨”的复杂心境。看着春寒料峭时寒梅争相绽放，还有雨中略显孤单忧郁的冬麦，仿佛看到自己年老之后年复一年、日复一日借酒消愁时的无助与痛楚。这种归隐的复杂心态，一直萦绕在他的心田，他没有做到像陶渊明“纵浪大化中，不喜亦不惧”一般的委运自然，因此也无法实现适意自然的人生经历。

## 与“善类”的交游

绍兴元年（1131年）底，张元幹回到福州，闲居期间，虽然心中时有不平之气，但总归还有一些意气相投、能与之共同举杯畅谈人生的师友。可以说，这“投闲”的二十余年时间里，“善类干烦殆遍”。虽然在此之前他便时常与一些交心的朋友往来，但是受时间和空间的影响，还是无法做到“殆遍”。闲居之后，他的交游更为广泛，而与这些“善类”挚友的交往愈益密切。

张元幹自与李纲京师告别之后，两人鲜有相聚畅谈的机会，当他辞官返乡之后，李纲在绍兴元年到绍兴九年这9年的时间里

永泰张元幹故居卧室

寓居福州的天宁山。因此，这两位志同道合、曾经并肩杀敌的老友便在福州开始了一段较为密切的交往。

绍兴四年（1134年）六月李纲生辰，这一年，距离两人在宣和六年（1124年）订交已经过去整整十年，两人感慨万分，张元幹作五言《李丞相纲生朝三首》、七言《李丞相纲生朝三首》为他庆贺，回顾了李纲辅佐三代君主的忠贞德行、抗敌杀贼的果敢骁勇，以及不惧政敌挑拨的坚贞不屈，字里行间蕴含着对李纲的赞誉与钦佩。两人于战乱动荡的年代各自漂泊，分离数年后还能平安相逢，这可谓是人生一大乐事。自此之后，张元幹几乎每年都与李纲一道登高临水，互为诗歌唱和。

绍兴八年底，秦桧力劝高宗屈服议和。于是，金人便遣张通古、萧哲等为江南诏谕使，与王伦一道前来商议议和之事。身在福州的李纲上疏反对议和，希望当局能认清金人狡诈贪婪的本性，不要辜负民众的期望。张元幹得知此事后，写下了《贺新郎·寄李伯纪丞相》，既是对李纲的支持，又是自己立场坚定的印证。

> 曳杖危楼去。斗垂天、沧波万顷，月流烟渚。扫尽浮云风不定，未放扁舟夜渡。宿雁落、寒芦深处。怅望关河空吊影，正人间、鼻息鸣鼍鼓。谁伴我，醉中舞。
>
> 十年一梦扬州路。倚高寒、愁生故国，气吞骄虏。要斩楼兰三尺剑，遗恨琵琶旧语。谩暗涩、铜华尘土。唤取谪仙平章看，过苕溪、尚许垂纶否。风浩荡，欲飞举。

这首词历来被视为张元幹词之桂冠，也被认为是南宋词中豪

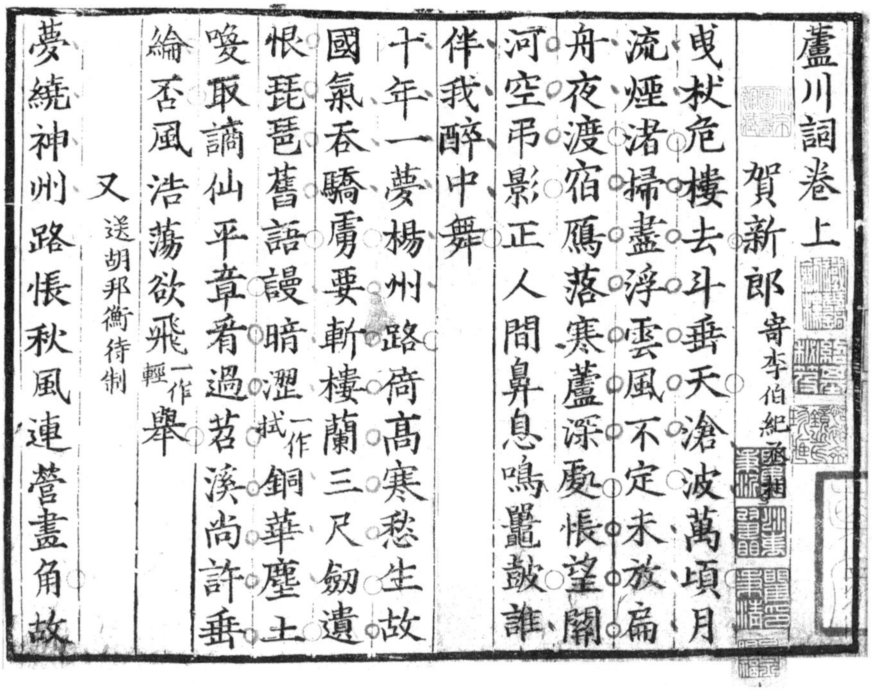

蘆川詞卷上

賀新郎 寄李伯紀丞相

曳杖危樓去斗垂天滄波萬頃月流煙渚掃盡浮雲風不定未放扁舟夜渡宿鴈落寒蘆深處悵望關河空弔影正人間鼻息鳴鼉鼓誰伴我醉中舞

十年一夢楊州路倚高寒愁生故國氣吞驕虜要斬樓蘭三尺劒遺恨琵琶舊語謾暗澀一作拭銅華塵土喚取謫仙平章看過苕溪尚許垂綸否風浩蕩欲飛一作輕舉

又 送胡邦衡待制

夢繞神州路悵秋風連營畫角故

《贺新郎·寄李伯纪丞相》

迈慷慨风格的典型代表。上片描写的是词人登高远眺所看到的景物，只见星斗悬挂天空、碧波荡漾，月光中隐隐透着雾气笼罩的洲渚，江风不仅仅将天上飘浮不定的云吹散，也令扁舟无法在夜间行驶。这样寂静苍茫的景象暗示着当时暗波动荡的朝局。就在此时，雁落芦苇深处，词人怅望大好山河颇显孤寂，然而如此世间却被苟安求和之人充斥。“正人间、鼻息鸣鼍鼓”不仅仅是对苟且偷生者的写照，也表达了在现实生活中没有人愿意与自己月下同舞的处境。下片则由写景抒情转入联系历史抒发情志，表达了对当局的不满和对李纲的敬仰之情。词中的“十年”是指建炎元年（1127年）高宗在河南商丘继位，金兵屡屡进犯，朝廷一再南迁，扬州随后被金兵攻占，盛世繁华的扬州变为空城。词中借

用汉代傅介子斩杀楼兰王、昭君出嫁匈奴的典故，分别影射李纲等人坚决抵抗敌国、主战人士在大宋朝廷艰难的处境，如果爱国主战之士皆以归隐垂钓排遣心中的苦闷，那国家还有未来么？所以结尾处词人表示自己愿意跟随李纲等人的步伐，冲破云霄，坚定地走下去，这样才能完成收复北方失地、重振大宋的志向。

这首悲凉慷慨的忧国忧民之作，迅速为时人所传唱，震动了当时的政坛和词坛。

绍兴十年（1140年）正月，李纲在福州台江楞严精舍病逝，享年58岁。张元幹无比悲恸，临丧当日便作五首悼亡诗，“盍为苍生起，曾扶大厦颠。何知老宾客，拥篲扫新阡”，“风咽梁溪水，山悲湛岘云”，“泪尽西州路，碑留岘首名”。其后在四月和十二月又分别写了两篇祭文追悼挚友。两篇祭文中，张元幹追念、缅怀了与李纲相识订交后的一件件往事，笔触沉婉，深情之至，令人动容。这种深厚感情的背后，是两人在国家危难中挺身而出、并肩作战的生死之交的情谊。

除了李纲，张元幹与吕本中的交游也比较频繁。吕本中（1084—1145），字居仁，号紫薇，世称东莱先生，寿州（今安徽凤台）人。他是北宋元祐（1086—1094）时期宰相吕公著的曾孙。早年张元幹曾在江西求学于徐俯，当时的豫章诗社中有洪刍、吕本中、向子諲、汪藻、苏庠等人，张元幹与他们结下了深厚的友谊。后来张、吕二人在开封时也经常诗词酬唱。

靖康之难后，朝廷不断南迁躲避金兵的进攻，吕本中也历经千辛万苦，逃难到福建，二人方得以相聚。南方特别是福建、广东一带，因距离中原地区较远，交通不便，气候湿热，因此即使在宋代，文人们也很少主动到访。然而靖康之难后，中原地区逐渐为金人占领，朝廷一再南下，随之南下的文人不仅仅要与气候环境、交通不畅、疾病等因素作斗争，还要时时关注金兵进攻的消息，身心俱疲，因此有不少人在南渡的过程中去世。所以说，战乱后能在南方相聚，对于年轻时期便结下情谊的两人来说更显珍贵。

张元幹与吕本中经常相约出游，踏访峻山秀水，诗词唱和以表达两人之间真挚的情谊和对国家时局的关心。如“只今流落天南端，怅望中原莫回首”（张元幹《信中、居仁、叔正皆有诗，访梅于城西，而独未暇，载酒分付老拙，其敢不承》），“强读文书不补饥，只今一饱尚难期”（吕本中《渴雨简张仲宗二首》其一）等等。

绍兴六年（1136年）四月，吕本中被史馆修撰范冲推荐，将离开福建，应召前往临安为右朝请郎直秘阁主管台州崇道观。张元幹听闻之后，作《水调歌头·送吕居仁召赴行在所》一首为其送行。

虽然说此时已距离靖康之变12年，但是高宗及朝臣不断南下避祸，局势动荡，百姓始终处于“干戈未定，悲咤河洛尚腥膻”的境地，况且被金人掠掳至北境的宋徽宗和宋钦宗依然下落不明。因此，张元幹对吕本中回朝廷任职心存一些期许，期待着他能在实现国家和民族中兴上有所建树。在张元幹眼中，吕本中能“好去承明说论”，敢于直言进谏、坚持正义，能为处于劣势的主战派出谋划策，是可以托之以匡扶国事之人，如若朝廷上下皆如吕本中一般，宋朝的中兴愿望也是指日可待的。

事实上，吕本中确实也为中兴事业做了自己力所能及之事。据《宋史·吕本中传》记载，吕本中在上任后的第一年便上书高宗，认为在定都临安、局势稍定时，当务之急是恢复事业，寻找各种人才，体恤民间疾苦，建设法度，广开言路。从这些建议中，足见吕本中想要施展抱负的决心。然而，反对议和、主张积极对待外敌的他也受到了主和派的排挤，最终也因惹怒秦桧而遭到罢免。

两人相隔千里，时常书信诗歌往来，“相望千里路，赖有数行书”（张元幹《次吕居仁见寄韵》），相互慰藉，“相逢一笑俱有诗”，颇为感人。

永泰张元幹故居（世科）

张元幹在隐居时期结交的“善类”中还有一位值得一提的便是李弥逊。李弥逊（1085—1153），字似之，号筠溪居士，苏州吴县人。宋徽宗大观三年（1109年）进士，调单州（今山东单县）司户。政和年间，累官起居郎，后因上封事剀切被贬为卢山知县，改奉嵩山祠，废斥隐官8年。后来历任冀州、筠州知州，淮南路转运副使，饶州、吉州知州，中书舍人，户部侍郎。最后因为反对议和、冒犯秦桧被贬为漳州知州。绍兴十年（1140年）归隐福州连江西山，著有《筠溪集》24卷，已散佚。

李弥逊与张元幹年龄相仿，皆归隐福州，且志同道合。如果说张元幹与李纲、吕本中等好友的文学交游以悲壮豪迈的英雄气息占据交游作品的大部分，那么他与李弥逊的诗词唱和则多了一份淡然闲适。正如张元幹在《宝鼎现》中既写了“胸中丘壑”“年少日、如虹豪气”的豪迈风情，也有“瘦藤闲倚看锄药。双芒鞋、雨后常著”的人生行乐、闲适自在的诗意生活。我们可以一首张元幹的诗作简要分析：

筠庄主人何未归，溪畔长林穿翠微。
此去功名时欲至，个中车马迹全稀。
茅茨漏久蜗涎篆，篱落攲多蛛网围。
公肯借庵容我老，为公朝夕扫柴扉。

这首诗题为《访亲于连江，因过筠溪，叩门循行，叹其荒翳不治，有怀普现居士，口占此章》，是张元幹访李弥逊筠溪居所时所作。首联写过访筠溪时，主人恰好在横山养病并未归家，只好独自一人探访友人居所。颔联与颈联描写了筠庄颓败之景，其中也透露着李弥逊显贵前后居所繁盛与败落的对比。当然，张元幹书写如此颓败之景，并非只是来感叹好友境遇的变迁，更多的还是老友之间的关爱与调侃，好像在说："李弥逊啊李弥逊，隐居山间是多美好的事呀，但你怎么连自己住的地方都不好好打理一下。看来你需要把居所借我一住，让我来帮你扫除尘埃，还一个清静的环境。"这才是好友之间的交谈语气。

而李弥逊得知后，也作诗一首《仲宗过筠庄作诗见招且有借庵之意次其韵》回应：

横山留我正青眼，不是归心久更微。
病后团蒲随地隐，望中落木故园稀。
一区已辨云为盖，四壁但从山作围。
不厌是中无一物，径来相就老禅扉。

张元幹在与李弥逊的交往过程中，多是此类风格。同在政治斗争中身心疲惫的两人，可能来共拾余霞，这是多么自然惬意的相守相伴。他们时常一起游山玩水、谈笑风生、欢聚酣饮，仿佛忘却了人世间一切的宠辱恩仇。他们在面对山水时，相视一笑，希望可以在清虚淡泊中一同感受生命的自由和美好！

这对于张元幹来说是一种颇有异趣的人生体验，尝遍人间的喜怒哀乐，看尽世间的悲欢离合，能和志同道合的挚友一起赏尽福建的大美山河，确实是一件乐事。

## 被捕入狱，削籍除名

归隐福州后，虽未身处政治漩涡的中心，但是他的交游对象多是正直不阿的主战人士，其主战的政治立场并未因归隐而有所改变。因此，他又一次遭遇了飞来横祸。

绍兴八年（1138年）至绍兴十一年的“绍兴和议”，是宋王朝自南渡以后政坛关于战与和的至关重要的历史事件，是南宋政局的重要转折点。同时，这一历史事件也关系着主张抗战到底的朝野人士的命运。

绍兴八年，赵鼎在宰相位上被罢免，而曾经被斥逐的奸臣秦桧再一次被起用，并被高宗任命为宰相。他一上任，便与孙近、王伦等人策划着与金人议和，并派自己的心腹王伦出使金国，签订了丧权辱国的协约。

然而，当时的宋王朝在定都临安后局面逐渐稳定，国力也慢慢恢复，这时的和议政策对宋王朝来讲十分不利，反而对一直南下攻宋而不得的金国十分有利。因此，这种丧权辱国的“国策”遭到了朝野士子的强烈反对，大家纷纷上疏，请求高宗以大局为重，力阻议和。

在众多上疏反对议和之人中，枢密院编修胡铨是较为突出的代表，他是高宗朝第一个公然上疏反对和议，并请求斩杀秦桧的重臣。这一年的十一月，胡铨作《戊午上高宗封事》。他在疏中说，王伦本来就是一个横行于市井之中的地痞流氓，专擅坑蒙拐骗，这样的无赖却被宰相重用出使金国，并在国家危难之时伺机为自己谋取利益；而秦桧是徽宗朝的进士，被作为人质随徽、钦二帝前往北境，朝廷并没有刻意营救他，他却能安然无恙回到大宋，而徽宗、钦宗等人却杳无音信，不得不让人怀疑其中的玄机。胡铨义愤填膺地斥责秦桧、王伦等朝廷奸佞的所作所为，并指出高宗作为最高统治者，无视列祖列宗千辛万苦打下的大好

江山，却向金国俯首称臣，这并非一个令人尊崇的好皇帝的所作所为。

胡铨将满腔的忠愤付诸笔端，表现出了他大无畏的慷慨激愤之情，他还希望朝廷能斩杀秦桧、王伦和孙近等人，并扣押来宋的金国使者。朱熹称赞胡铨和他的这篇疏文“可与日月争光，中兴奏议此为第一”。

然而高宗并没有听取胡铨的意见，秦桧更是对胡铨怀恨于心，他伙同高宗将胡铨贬到昭州编管，永不收叙，并追毁出身以来的文字。后来因迫于公论，只得改贬广州监管盐仓。

绍兴十年（1140年）五月，金人背叛盟约，兵分四路大举南侵。但金人的进攻并不顺利，各路军队连遭失败，宋军以少胜多击败了金军。接着岳飞率领岳家军又取得郾城大捷，打败了金军的主力，先后收复了郑州、洛阳等城。眼看收复河山在望，高宗却命令各路宋军班师回朝，岳飞立即上奏高宗《乞止班师诏奏》，说：“金人锐气沮丧，尽弃辎重，疾走渡河。豪杰向风，士卒用命，时不再来，机难轻失。”岳飞所言正表明了当时浴血奋战的前方将士士气高昂，全宋上下要求收复北方的呼声甚高，抗击金兵的形势一片大好。但是他的奏请并未得到朝廷的重视，高宗更是连下十二道金字牌逼迫岳飞退兵。宋军退兵后，金人又趁机将颍昌、淮宁、蔡、郑诸州占领。

绍兴十一年四月，高宗解除了韩世忠、张俊、岳飞三人的兵权。十一月，高宗派使者到金求和，金国以“杀岳飞”作为条件，答应和议。双方签订了绍兴和议：宋向金称臣，金册封赵构为皇帝；划定疆界，割让唐（今河南唐河）、邓（今河南邓州）

两州，其余以淮水中流为界，西以大散关（今陕西宝鸡）为界，北属金，南归宋；宋每年向金缴纳贡银25万两、绢25万匹。同月，岳飞被赐死于大理寺，时年39岁。

话再说回来，自绍兴八年（1138年）胡铨上书之后，秦桧便一直没有放弃将胡铨置于死地的打算。

绍兴十二年，秦桧以胡铨“文过饰非，益倡狂妄之说，横议纷纷，流布遐迩。若不惩艾，殆有其甚者”为由，将胡铨除名停勒，发配新州（今广东新兴）。同时还将与胡铨交好者或与此事有关系者也一并加以重罚。比如说胡铨初次上书的时候，有一个人叫吴师古，他是常州宜兴的一名进士，他非常钦佩胡铨与奸佞斗争的勇气，于是把胡铨的《戊午上高宗封事》雕刻出来，并广为流传。秦桧得知后，便命令直秘阁王缙以支持胡铨的罪名，将吴师古流放到袁州（今江西宜春），永远不得应举，而参与传抄刻印者也都受到了重罚。

胡铨被除名贬谪后，据岳珂《桯史》所说，“直声振天壤，一时士大夫畏罪箝舌，莫敢与立谈”，可见当时已是人人自危。胡铨赶赴新州时，途经福州，张元幹作《贺新郎》一阕为其送行。

梦绕神州路。怅秋风、连营画角，故宫离黍。底事昆仑倾砥柱，九地黄流乱注。聚万落、千村狐兔。天意从来高难问，况人情、老易悲如许。更南浦，送君去。　　凉生岸柳催残暑。耿斜河、疏星淡月，断云微度。万里江山知何处？回首对床夜语。雁不到、书成谁与？目尽青天怀今古，肯儿曹、恩怨相尔汝。举大白，听《金缕》。

词一开篇即以“梦绕神州路”起笔，抒写中原故土沦丧的情景和我辈灵魂无处安放的故国之思。词人以昆仑倾倒比喻北宋王朝的覆灭，以黄河之水肆意泛滥比喻金人所到之处横行霸道，以致衣冠礼乐的文明中原成为狐兔盘踞、生民流离失所的地狱。他认为只要有爱国情感的人看到家国百姓此情此景，必定产生共鸣。“天意从来高难问，况人情、老易悲如许”，词人化用唐代诗人杜甫“天意高难问，人情老易悲”的诗句，感叹知己难寻，而志同道合的胡铨，也即将遭难南下。

下片起句开始想象与胡铨分别后词人久久伫立于水畔，不忍离去时所见到的萧瑟景致，切合了词人寂寥无依的心境。接着又写到这次离别之后，不知胡铨会流落至何处，不知何时才能再次相见。古人常说，大雁飞至南方，到衡阳而止，不会再往南迁徙。而词人一想到胡铨流放之地新州，竟不知两处距离有多远。连大雁都无法再往衡阳之南飞行，那么词人寄给胡铨的信笺是否也没有办法送达？如此音信隔绝令词人无所适从，只好上问青天。一腔沉痛溢于言表，悲愤慷慨。

其实，张元幹与胡铨的交游也只有三年左右的时间。胡铨因上书高宗而被贬为福州签判，当时张元幹赋闲在福州，两人相识并结下了深厚的友情。张元幹在送别舒希古的诗中提到胡铨，“倘复逢湘累，更与问憔悴”（《送舒希古》）。还有一首《瑞鹧鸪》，也是朋友向他出示胡铨的新诗时有感而作。所以不管对李纲反对和议作词予以支持，还是在胡铨获罪贬谪之后为其送行，在当时唯恐因祸连坐、人人避嫌的情况下，张元幹所展现出来的正直坚毅的气节，确实令人动容。

这首词全篇除了“狐兔”有所谓的影射之外，基本上没有明显的讽谤之意，所以秦桧并不在意，但是因为为胡铨送行，也就间接地得罪了秦桧。绍兴二十一年（1151年），秦桧以莫须有的罪名将张元幹追赴临安大理寺。被捕入狱时，也被前来抓捕的人抄家，他的很多作品在抄家过程中被搜检没收。据张广《芦川词序》道：“绍兴末，忤时相意，语及讥刺者悉搜去，掇拾其余，得二百余首。”那些具有批判现实精神的作品，被作为张元幹大逆不道的证据，一概被搜刮而去。

同年夏，张元幹出狱，即被削籍除名，成为布衣。

这一年，张元幹已是61岁的老人了。其实，即使当年张元幹致仕归家，但仍享有朝廷给予的一些俸禄，然而削籍除名之后，自出身以来的官爵悉数除去，担任官职以来的文书也将全部毁掉，只是布衣一名，也没有办法再次参加科举考试，再次走上仕途。本已辞官的张元幹，在这样一个事件中再次面对动荡不安的局势、腐败软弱的政权和秦桧专权以来的残酷党争，不仅令他的政治生命发生了转折性的变化，也对他的心灵、思想造成了巨大的冲击。

## “投闲廿年”的复杂心态

张元幹自绍兴元年（1131年）辞官返回家乡，至绍兴二十一年因作词送行胡铨和支持抗敌被捕入狱，二十年间，他一直生活在福州地区。而这所谓的“投闲廿年”的归隐生活，其思想与心态的发展轨迹，则与国家危难和政治腐朽的特定历史时代背景密

不可分。

可以说，在南宋内忧外患的境况下，朝堂之上的硝烟“害及宗祀生民，不亡而不息”，环境十分恶劣，后果也十分严重。士大夫可以像胡铨一般在政治漩涡中与和议一派作激烈而严峻的斗争，也可以选择主动归隐山林，远离政治中心。据《宋人传记资料索引》统计，南宋绍兴年间归隐的士大夫人数达到数百位，可见，宋代士大夫的归隐已成为一个群体性的事件，是特殊政治背景下文人士子的集体性选择。但是受过传统儒家思想影响的他们，并非一味地沉醉于这种从容而闲适的生活，兼济天下的使命感和士大夫的责任感始终长存于心。因此，他们常常在遣兴闲适的作品中寄托了对于国家、百姓的深沉的感慨。

张元幹在归隐期间的作品，便呈现出淡泊世事的心态与愤世嫉俗的愤懑交织在同一篇诗词中的情况。他在《次韵陈德用明府赠别之什》中写道：“小隐故山今去好，中原遗恨几时休。春争残腊寒梅早，雨涩晴冬宿麦忧。”他以亲身经历为中心，以凝练、形象的语言再现了靖康之变这幅令大宋子民痛心的历史画面，将自己现实归隐的无奈与长期留于心间的那份恢复中原、实现中兴的愿望寄寓在早春的景物中，为我们谱写了一曲幽愤悲沉、慨然感怀的亡国之音。因此，元代方回在《瀛奎律髓》中称赞张元幹的这首诗颇具盛唐的风采。

再如他的《信中、居仁、叔正皆有诗，访梅于城西，而独未暇，载酒分付老拙，其敢不承》：

关山往岁曾冰裂，跋马平坡千树雪。
疏枝冷蕊最撩人，雪后生香微带月。

醉中不数长短亭，狐裘拥鼻风前醒。
十年丧乱岂记忆，一见新诗心目惊。
平生公辈真豪友，意气相投共杯酒。
只今流落天南端，怅望中原莫回首。
及身强健频看梅，此花到眼春光催。
玉人风味正清绝，但欠雪月相徘徊。
欲访城西寻醉语，竹篱茅舍知何许。
携壶藉草倘不嗔，便与此花长作主。

这是绍兴五年（1135年）前后，隐居福州的张元幹与吕本中、王以宁等人一道前往城西寻访梅花的唱和之作。梅花盛放的时节，正是大地寒冬、万物寂寥之时，然而在清疏孤寒的景致衬托下，那一枝枝月下雪中的梅花含苞待放的容姿更令人舒心、畅往。醉酒后的张元幹漫步在雪中，看着周遭凄清的场景，映入脑海的却是十年前靖康之变后的一幅幅伤心至极的画面。还好有意气相投的好友陪伴左右，可以共举酒杯畅谈人生。然后又意识到自己和宋王朝只能流落在南方，只能远远地面朝中原故土却也无可奈何，深深的家国危亡之感油然而生。后面的文字又回到现实的生活与场景，淡淡的忧伤已不可遏制。

隐居期间，张元幹与好友寻山问水，也在闽中为自己建造了一座鸥盟轩。鸥盟的典故出自《列子·黄帝》，说的是有一个人非常喜欢鸥鸟，鸥鸟每天都会与他一同嬉戏玩耍，好不热闹。他的父亲见状便要求他捉鸥鸟以供大家玩耍。第二天，鸥鸟便不愿下来，一直在空中飞旋。后来便用鸥鸟与人玩耍的和谐场面来比喻隐退的生活。关于鸥盟轩，张元幹在《次友人书怀》其三中便

有提及："布谷催春惜雨乾，白鸥江上未盟寒。"当然，鸥盟轩还是很有生活气息的，"卜筑几椽临水屋，经营数亩傍山园"，张元幹专门在临水的地方建造自己的屋舍，屋外则依山经营着可以让自己衣食无忧的田地。这种依山傍水的田园生活，应该是很多士人都向往的吧！

好友李弥逊也曾经为张元幹的新居作《题张仲宗鸥盟轩》一首：

寄语沙头不下鸥，诗翁新葺面江楼。
早知世事翻覆手，更觉人生起灭沤。
念尽不应书咄咄，身闲何用榜休休。
径须来结忘机伴，春水浮天不去舟。

诗中，李弥逊不仅仅祝贺张元幹新居卜成，可以开始自己的闲适隐逸的生活，也用了几处典故，表达了他对张元幹的希望。"书咄咄"说的是东晋中军将军殷浩的典故。殷浩因在战争中屡战屡败，被罢黜除名为庶人。罢黜后的殷浩在信安愤懑不已，整日书写"咄咄怪事"四字，表达自己所经历的事件。"榜休休"则说的是唐朝司空图的典故。司空图的先人在中条山的王官谷建有别墅，其中有亭名"濯缨亭"，司空图隐居于此时将其更名为"休休"，认为"既休而具美存焉"，同时经常将自己为此亭所作的文字榜于亭下，如"咄咄，休休休，莫莫莫，伎俩虽多性灵恶，赖是长教闲处著。休休休，莫莫莫，一局棋，一炉药，天意时情可料度。白日偏催快活人，黄金难买堪骑鹤"等，语言"诡激啸傲"。所以，李弥逊想通过这首诗来提醒张元幹，既然选择了隐居，就不要总是有社稷家国的念想，不要总写一些激愤的文字表达这些念想，要放下一切，放空自我。

其实，这首诗又何尝不是李弥逊在告诫他自己呢！他们虽然隐居世外，却无法真正做到完全地自适与隐逸，这应该是当时隐居士大夫的一种自我安慰、寻求自我解脱的方式。

张元幹也想真真正正地过上逍遥自在的生活，他在《丙寅自赞》中说自己“这痴汉，没思算。初乏田园，却懒仕宦。……个中人，高著眼，方瞳绿发照青春，期与飞仙游汗漫。现此风狂道士身，长庚晓月聊相伴”，足以看出当时的他确实不想做官，只想做一个胸中自有丘壑的闲人。

李弥逊作为张元幹的好友，还是十分了解张元幹的，他这样评价张元幹的为人：

> 清而不臞，其质也；温而不腴，其文也；历万险而不磨，阅世之久也；出众巧于无尽，写物之工也。谁其有之，张子仲宗也。而铭之者，筠溪老渔也。

这是李弥逊所作的《张仲宗砚铭》，实是用铭来写人。此砚是张元幹所有，因而李弥逊在写这段文字时，其实已经将物与人的品质进行了实质性的关联，砚之清新、温润、经历万险，也正是张元幹本人所具有的品质与经历。

隐居的张元幹与一众好友在泱泱闽水翠翠闽山中，构建着一个属于自己的、能够远离现实生活的艺术世界，在这个艺术世界里，才是他们真实的自我，才能放飞他们无拘无束的本真。但这也仅仅是他们的理想世界，这样的艺术世界的构建，在外人看来或许有自由闲适之说，而他们内心的痛苦、焦灼、愤懑，都已通过作品委婉而曲折地表露无遗。

文魁
進士
急公好義

# 第四章

# 晚年漫游，客死异乡

张元幹自出狱后，大部分时间都在他乡漂泊。在漂泊漫游的过程中，他始终与志同道合之士交游唱和，留下大量名篇。绍兴三十一年，一代爱国词人张元幹客死异乡。

绍兴二十一年（1151年）夏，张元幹出狱，旋即离开临安，又开始了自己的漫游生活。途经吴兴、太湖一带时，他回想起建炎三年（1129年）与徐俯一同太湖泛舟的情景，而此时国破家亡、形单影只、壮志未酬，感从中来，便用当年《水调歌头·同徐师川泛太湖舟中作》原韵，追和一阕，其词写道：

举手钓鳌客，削迹种瓜侯。重来吴会，三伏行见五湖秋。耳畔风波摇荡，身外功名飘忽，何路射旄头？孤负男儿志，怅望故园愁。　　梦中原，挥老泪，遍南州。元龙湖海豪气，百尺卧高楼。短发霜粘两鬓，清夜盆倾一雨，喜听瓦鸣沟。犹有壮心在，付与百川流。

这首词开篇便借用李白钓鳌和召平种瓜的典故，来刻画出一位遁迹江湖却又志向远大的济世之才的形象。故地重游，仍见多年前旖旎的风景。但是此时的自己，削籍被捕出狱，没有官职在身，面对借指金兵的“旄头”，空有一番男儿志气，报国无门，只能远望北方失地，暗自神伤。这种暗自神伤已不能表达他的故国之痛，“挥老泪”便可洒遍南州大地，因此方有“元龙湖海豪气，百尺卧高楼”的壮语。自己年事已高，双鬓斑白，

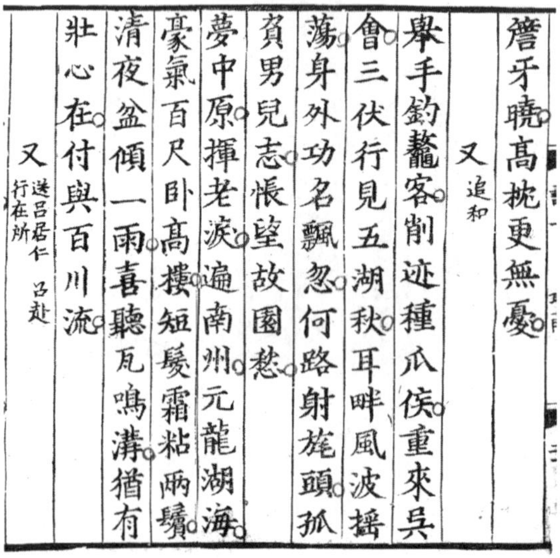
簷牙曉高挑更無憂
又 追和
舉手釣鼇客削迹種瓜侯重來吳會三伏行見五湖秋耳畔風波搖蕩身外功名飄忽何路射旄頭孤負男兒志悵望故園愁
夢中原揮老淚遍南州元龍湖海豪氣百尺臥高樓短髮霜粘兩鬢清夜盆傾一雨喜聽瓦鳴溝猶有壯心在付與百川流
又 送呂居仁召赴行在所

《水调歌头·同徐师川泛太湖舟中作》

听夜雨如注。所有的景象仿佛汇成一条奔流汹涌的大河，万千起伏，心潮澎湃。然而这样的壮志，只能付之东流。

张元幹自出狱后，大部分时间都在他乡漂泊。在漂泊漫游的过程中，除了与故旧之交多有交游外，也结识了不少新的朋友，如著有《苕溪渔隐丛话》的胡仔，还有周德友、张孝祥等。

张孝祥（1132—1170），字安国，号于湖居士，和州乌江（今安徽和县）人。绍兴二十四年（1154年）进士第一，旋即上疏请言岳飞冤案，被秦桧所忌恨。授签书镇东军节度判官。秦桧死后，历任礼部员外郎、起居舍人、权中书舍人等。擅长诗文，工于词，著有《于湖集》《于湖词》。

张孝祥与张元幹一样，都是爱国文人，都将自己以国事为重的情绪与情怀付诸笔端，呈现在世人面前。因而他们二人的交游也颇为引人注意。

二人相识于绍兴二十八年，正值张元幹出狱后寓居于杭州之时。此时张孝祥在临安朝中任起居舍人、权中书舍人。他们应是在杭州某位共同好友的宴席上相识的，张孝祥见张元幹虽然瘦骨嶙峋，却也双目如炬，便对他产生了极为深刻的印象。

在文学上，两人在交游中亦有诗词唱和，然而存世的数量不多。绍兴二十九年春，张元幹与郭世模、李大正、张孝祥等前往西湖游湖赏春，后到达普安寺。在寺中，见窗户之间有玉钗半股、青蚨半文，于是众人纷纷赋诗。张元幹有诗名为《郭从范示及张安国诸公酬唱，辄次原韵》：

登楼乘暇日，唤客共浇愁。

春去花犹发，阴浓雨未休。

和诗真冷澹，得句总风流。

能遣西邻老，殊无陋巷忧。

在对待外敌、恢复中兴的态度上相对一致的二人，自相识起，便彼此惺惺相惜、相交甚欢。张孝祥也非常尊重张元幹这样一位主战宿老，盛赞张元幹“高名全节，照耀宇内”。

张元幹曾作《水调歌头·罢秩后漫兴》一阕：

放浪形骸外，憔悴山泽癯。倒冠落佩，此心不待白髭须。聊复脱身鹓鹭，未暇先寻水竹，矫首汉庭疏。长夏啖丹荔，两纪傲闲居。　　忽风飘，连雨打，向西湖。藕花深处，尚能同载曲生无。听子谈天舌本，浇我书空胸次，醉卧踏冰壶。毕竟凌烟像，何似辋川图。

这首词应是张元幹经历牢狱之灾、恢复自由身之后所作，也即他晚年漫游江浙一带时的作品。“倒冠落佩”化用唐代诗人杜牧《晚晴赋》中“若予者则谓何如？倒冠落佩兮，与世阔疏。敖敖休休兮，真徇其愚而隐居者乎”之句，张元幹丢弃官服的打扮，身着隐者的装束，力图呈现一个胸襟阔达、超脱世俗的隐者形象。如果说致仕之后闲居福州之时，张元幹还保留了一些士大夫的责任感，那么出狱后的他则心灰意冷，漂泊寄食在外，

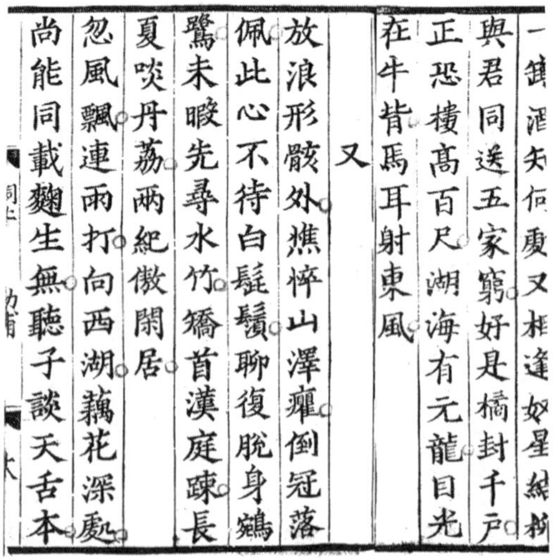
與君同送五家窮好是橘封千户
正恐樓高百尺湖海有元龍目光
在牛背馬耳射東風
又
放浪形骸外燋悴山澤癯倒冠落
佩此心不待白髭鬚聊復脱身鵷
鷺未暇先尋水竹矯首漢庭疎長
夏啖丹荔兩紀傲閑居
忽風飄連雨打向西湖藕花深處
尚能同載麴生無聽子談天舌本

《水调歌头·罢秩后漫兴》

饱含着凄怆沧桑的味道。

绍兴三十年（1160年），70岁的张元幹由吴兴来到苏州，回顾自己与陈瓘之间的交往，写下了绝句十首为记。

绍兴三十一年，张元幹客死异乡（有客死平江之说）。韩元吉作《挽张元幹国录词二首》：

其一

左学驰声旧，中朝得录初。宏材知底用，壮志亦成虚。
归旐三千远，亲年八十余。苍天谁与问，行路亦欷歔。

其二

一第固已晚，九迁人共期。功名虽有命，寿考独无时。
门士韬珪璧，诸郎袭礼诗。他年振儒学，犹慰九原悲。

韩元吉（1118—1187），字无咎，号南涧，许昌（今属河南）人，曾官至吏部尚书。韩元吉也是一位爱国的主战文人，在南宋朝政由投降派把持的情况下，无奈选择归隐江西上饶。

在第一首挽诗的前四句，韩元吉为我们勾勒了张元幹波折的一生，在太学时便声名远播，被朝廷启用，然而宏才大略并未得到施展，“壮志亦成虚”。颈联后则道尽张元幹身后之事，年近八十，客死他乡。尾联不仅是对张元幹所面对的山河家国的感叹，也是韩元吉对家国的哀叹和对自身命运未卜的悲伤。

第二首挽诗中则在叙述张元幹心路历程之时，也加入了韩元吉自身的遭际，并提出自己“他年振儒学”的希望，以抚慰九泉之下的先贤。

张元幹最后葬于福州螺山，也终得落叶归根。

# 第五章

# 张元幹的家乡情结

张元幹还未及冠，便离开家乡，直到绍兴元年（1131 年）辞官才归来。这期间，他无时无刻不在思念着自己的家乡，在很多作品中，都表露出对家乡的眷念。回到福州后，他创作的不少作品中，也流露出身居家乡时的舒缓、闲适的心情。

张元幹是土生土长的福建人，但是不管是学术研究者，还是普通的读者，都不约而同地将关注点放在他怀念中原故土的诗文上，“中原鞠茂草，万里尽豺虎”（《和韵奉酬王原父集福山之什》），“眼看杀人等蝼蚁，剑血洗尽湘川流”（《赠庆绍上人》），“莫思淮海上，黑帜杂黄巾”（次韵奉和平叔亭林至日之什），“洛师闻已破，陵邑得无惊”，“始望全三镇，谁谋弃两河”（《感事四首丙午冬淮上作》），“天骄毒中原，国势苦日削”（《过白彪访沈次律有感十六韵》）等等，这些仅仅是他作品中对中原朝廷、百姓的关心和挂念的冰山一角，足见其爱国文人的定位的准确性。但是，作为一位福建的文化历史名人，我们应该在关注他眺望中原的同时，还要透视南方的家乡——福建福州在他心中的分量。

## 离家难即的故园之思

张元幹还未及冠，便离开家乡跟随父亲在外地宦游，直到绍兴元年（1131年）辞官才回到家乡。这期间，他无时无刻不在思念着自己的家乡，特别是在感受到了官场的人情冷暖之后，离家而不得归的感受陡然剧增。比如，他曾写过《冬夜有怀柯田山人四首》的组诗，其中第三首这样写道：

客里了无况，乱来何止贫。
淹留频换岁，老大更思亲。
泥饮思田父，供粮乏故人。
自怜归未得，不是白头新。

"柯田山人"指的是他的一个好友，叫沈琯，字次律，自号柯田山人，湖州德清（今浙江湖州）人。柯田山人曾任两浙漕运、燕山府提举，南渡之后便在自己家乡的柯田山建了一所新居，隐居在此，不问世事。一个寒冷的冬夜，张元幹远在外地，感受着冬日的萧瑟孤寂，想起了好友归隐置家后的冬夜应该不会像他这样有这么强烈的漂泊无依之感，想象着好友一家围坐一圈，生火烹食，好不热闹。一年又一年，年岁愈长，更是思亲，毕竟自己终究是一名"客人"。思乡归隐的情绪在这组诗中暗流涌动。

在《建炎感事》中，他说："何处置我家，患在建午月。故山盍早归，岂忧践霜雪？""他时期卜邻，此日尤惜别。"可见他对当时自己思归而仍未归的叹息之感。他在《送江子我归严陵》道："久客惊秋晚，怀归更送君。"送别了好友归家，然而自己仍在客居，凄凉之感油然而生。故乡还时常出现在他的梦中，"故山常入梦，何日到吾庐"，故乡已经被张元幹拟人化了，常常主动地来到他的梦中，还会责怪他为什么还不回家，什么时候可以回家。可见，离家难归的苦闷深扎在张元幹的内心深处，无处释放。

他也常常在词中表达这样的情绪，如《菩萨蛮》一阕：

微云红衬余霞绮，明星碧浸银河水。欹枕画檐风，愁生草际蛩。　　雁行离塞晚，不道衡阳远。归恨隔重山，楼高莫凭栏。

明星摇曳的深夜，张元幹无法欹枕入眠，窗外的阵阵蛩鸣，就像是萦绕在他心头的悲哀惆怅，挥之不去。大雁飞行至衡阳而返，却无法飞到他的家乡，即使楼台再高，但烟雾迷绕、重山叠嶂，仍无法望见故乡山水。就像李煜在《浪淘沙令》中所说的那般：“独自莫凭栏，无限江山，别时容易见时难。”

还如《渔家傲》一阕：

楼外天寒山欲暮，溪边雪后藏云树。小艇风斜沙觜露。流年度，春光已向梅梢住。　　短梦今宵还到否，苇村四望知何处。客里从来无意绪。催归去，故园正要莺花主。

这首词被历代词评家所喜爱，如明代的杨慎认为“溪边雪后藏云树”“小艇风斜沙觜露”两句是秀句，对其大加赞赏。杨慎甚至以为这首词中的“否”唤为“府”，与“主”“舞”字押

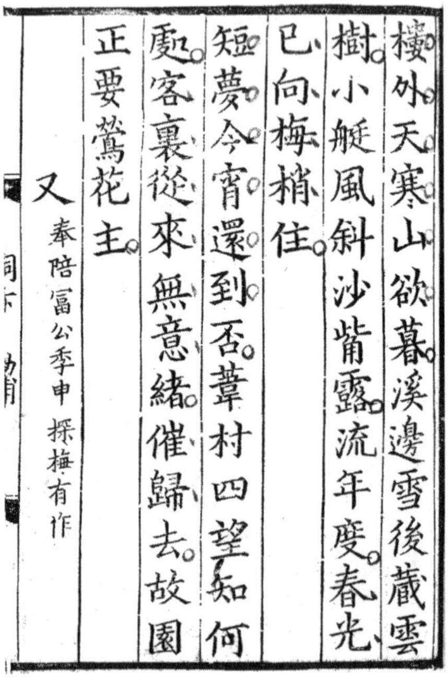
樓外天寒山欲暮溪邊雪後藏雲
樹小艇風斜沙觜露流年度春光
已向梅梢住
短夢今宵還到否葦村四望知何
處客裏從來無意緒催歸去故園
正要鶯花主
又 奉陪富公季申採梅有作

《渔家傲》

韵，猜测这是福州话所致。当然，不管张元幹在这首词中有没有使用福州话，词的上片用工笔画般描摹景色的手法，确实让人惊叹。你看，天色渐晚，雪藏云树，小艇风斜，本是一片清冷寒寂的冬日暮景，然而梅树枝梢间却成为暮景之下令人温暖欣喜的一个片段。再看下片，由上片现实的景象转而描绘寒夜里的梦中场景，故园中的春景反复入梦而来，催促他回家欣赏。虽然下片没有像上片那般精致、真实，但是正是因为是梦境，才愈发模糊虚幻，更能催生张元幹心底那股深沉的家园情结。

张元幹故居

从张元幹的这些作品中，我们发现，他无时无刻不想着归家，无时无刻不在向别人表达这样的情绪，也难怪柯田山人的弟弟沈与求写的《张仲宗有诗怀归因次其韵勉之》诗中这样说：

相逢无日不怀归，又是春山听子规。
休叹豺狼迷道路，似闻貔虎仆旌旗。
那从薄俗求青眼，还向高堂念白眉。
南望孤云应目断，殊方岁月易推移。

沈与求与张元幹经常有诗词作品的唱和，来抒写各自的情怀，所以说他对张元幹十分熟悉，也十分了解。诗中写道：与张元幹相逢之后的每一天，他“无日不怀归”，每一天都在思考着如何回家的问题。不仅如此，春山的子规也在啼叫，啼叫的声音仿佛是“曰归曰归”，更增强了他归家的期望。然而，当时“豺狼”“貔虎”般的金人与盗寇横行于世，世事维艰，他还有一丝想要回报朝廷的壮志未酬，因此只能在时光飞逝中叹息。

## 家乡风物的书写与赞叹

除了比较直白地表达自己的思归之情，张元幹也经常提及与家乡相关的人、事和物，其中也包含着他对故乡的热爱与深情。

张元幹在《福州连江县潘渡石桥记》中写福州的地形、气候等特色：

闽中统八州之地，重山复岭，绵亘联属，而旁海城邑亦居其半。大抵溪壑之交会，潮汐之吐吞，或汇为深渊，或激为奔湍，必曰蛟螭窟穴存焉。设有舟楫乘险可虞，恶少椎埋，得以邀留行旅。自夏徂秋，飓风飘烈，瞬息暴至，固使人惴慄震悼，一旦雷雨晦暝，莫辨咫尺，凡问津者，皆病涉也。

福州是八闽首府，人文荟萃的地方，然而，想要到此，那也是艰险万千，既有潮汐深渊之险，激流中又时常有猛兽出没，过往行旅无不担惊受怕。所以，在张元幹的笔下，福州没有了曹学佺书写下的钟灵毓秀和人杰地灵，这样的福州，可能让很多人望而却步。然而，即使福州远离中原、地形复杂，但是张元幹还是可以排除各种艰难险阻，愿意回到这个生他养他的地方，这就是故乡的魅力所在。

他在作品中会提及家乡的物产，比如荔枝。福建的荔枝闻名遐迩，宋代的洪迈曾经在《容斋随笔》中专门列《莆田荔枝》进行详细说明，说福建盛产荔枝，尤其是莆田的荔枝有很多名贵品种，其中“方红”就是比较有名的品种。

张元幹的家乡在福州永泰，位于莆田以北，两相临近，所以，他小时候也见过这种名为“方红”的荔枝。那时他年幼不知，竟与其他人说“方红”叫“红蕊”。父母听后，反而觉得“红蕊”二字将荔枝的外形之美形容得十分贴切。所以，荔枝对于他来说，是少年时期美好过往的象征，是故乡的象征。于是，每逢夏日，他总会想起家乡果实繁硕的荔枝，他总是忍不住写上几笔以作纪念，比较具有代表性的是以下三首：

诉衷情

余儿时不知有荔子，自呼为红蕊。父母赏其名新，昔所未闻，殊尽形似之美。久欲记之而因循。比与诸公和长短句，故及之以诉衷情。盖里中推星球红、鹤顶红，皆佳品。海舫便风，数日可到。

儿时初未识方红，学语问西东。对客呼为红蕊，此兴已偏浓。　嗟白首，抗尘容，费牢笼。星球何在，鹤顶长丹，谁寄南风？

渔父家风

八年不见荔枝红，肠断故园东。风枝露叶新采，怅望冷香浓。　冰透骨，玉开容，想筠笼。今宵归梦，满颊天浆，更御冷风。

采桑子·奉和秦楚材使君荔枝词

华堂清暑榕阴重，梦里江寒。火齐星繁。兴在冰壶玉井阑。

风枝露叶谁新采，欲饱防悭。遗恨空槃。留取香红满地看。

在这三首词中，张元幹直抒胸臆，不仅写自己记忆中的荔枝，也幻想着自己回到了家乡的荔枝林采摘果实时欢乐而温馨的场面。其实这种美好的画面背后，却是张元幹笔下“嗟白首，抗尘容，费牢笼”的奔波沧桑之感，这种美好的家园记忆带有令人心酸与凄楚的涩涩之味，也更能反衬出身在故园的甜蜜与温情。

因而，家乡的秋天在张元幹的眼中便是“荔子秋”，与好朋友在家乡的相会称之为“丹荔盟”。可见，荔枝已然成为张元幹内心世界中的一种家乡美学。

南渡之后，国家蒙难，文人身世飘零，催生了咏物诗词的迅速发展，文人士子特别喜爱借“物”来抒发自己的情感和志向，而吟咏梅花的作家与作品不胜枚举，体现了梅花在诗人心中的情

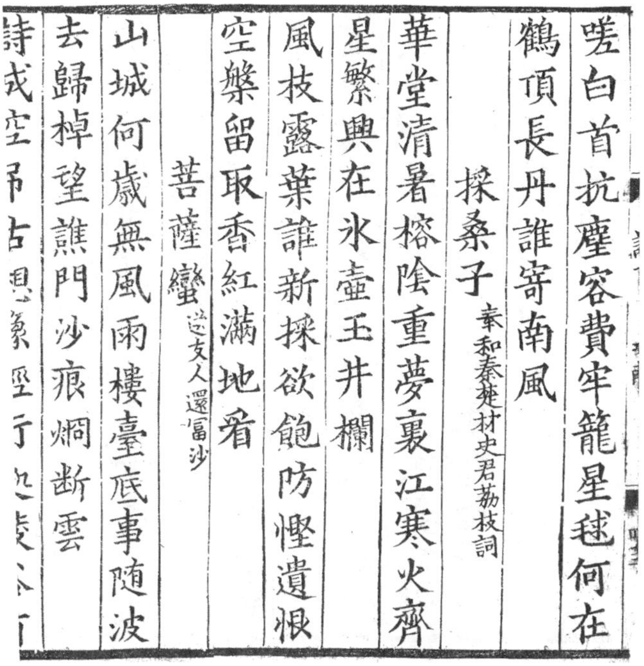
嗟白首抗塵容費牢籠星毬何在
鶴頂長丹誰寄南風
採桑子 奉和秦楚材史君荔枝詞
華堂清暑榕陰重夢裏江寒火齊
星繁興在氷壺玉井欄
風枝露葉誰新採欲飽防慳遺恨
空槃留取香紅滿地看
菩薩蠻 送友人還冨沙
山城何歲無風雨樓臺底事隨波
去歸棹望譙門沙痕烱断雲
詩成空弔古

《采桑子·奉和秦楚材使君荔枝词》

操之高尚。张元幹也喜欢咏梅，除了对于梅花高洁品质的赞咏，他还将梅花与家乡做了一定的文学关联。如《十月桃》一阕：

年华催晚，听樽前偏唱，冲暖欺寒。乐府谁知，分付点化金丹。中原旧游何在，频入梦、老眼空潸。撩人冷蕊，浑似当时，无语低鬟。　　有多情多病文园。向雪后寻春，醉里凭栏。独步群芳，此花风度天然。罗浮淡妆素质，呼翠凤、飞舞斓斑。参横月落，留恨醒来，满地香残。

身在异乡的自己立于梅花点点的梅林中，想象着伊人倚靠梅花树下孤独的身影，想念着故园的梅花是否也有此刻的忧伤。所以，梅花是张元幹借以慰藉孤独之感、家园情结的媒介。

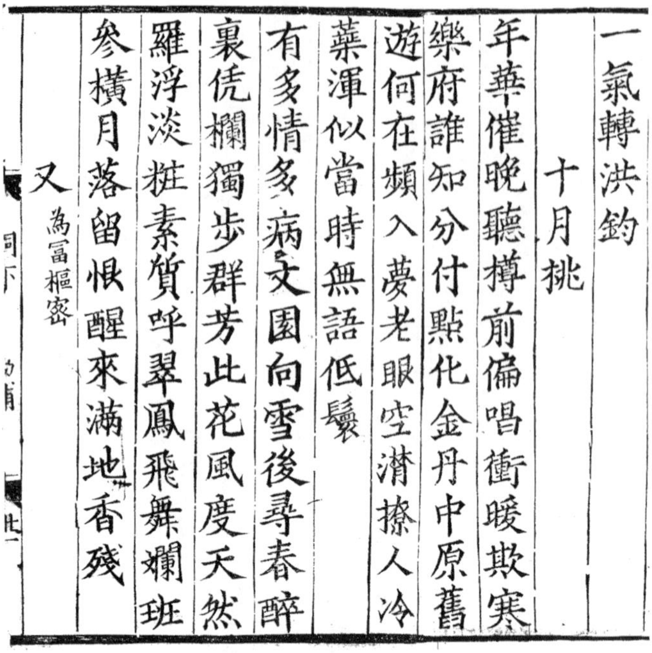

一氣轉洪鈞

十月桃

年華催晚聽撙前偏唱衝暖欺寒
樂府誰知分付點化金丹中原舊
遊何在頻入夢老眼空潸撩人冷
蘂渾似當時無語低鬟
有多情多病文園向雪後尋春醉
裏凭欄獨步群芳此花風度天然
羅浮淡粧素質呼翠鳳飛舞斕班
參橫月落留恨醒來滿地香殘

又 為富樞密

《十月桃》

其实，除了借物抒发思念家乡之感，张元幹对于八闽大地的人也十分钟情。有一次，张元幹出席了一个为当地举子所设的鹿鸣宴，在席中他写了一阕《喜迁莺慢》：

雁塔题名，宝津肦宴，盛事簪绅常说。文物昭融，圣代搜罗，千里争趋丹阙。元侯劝驾，乡老献书，发轫龟前列。山川秀，圜观众多，无如闽越豪杰。　　姓标红纸，帖报泥金，喜信归来俱捷。骄马芦鞭，醉垂蓝绶，吹雪芳月。素娥情厚，桂花一任郎君折。须满引，南台又是，合沙时节。

在这首词中，他表示自科举考试以来，各地才人辈出，但是即使再多，“山川秀，圜观众多，无如闽越豪杰”，福建的人才却能蔚然出秀。所以，词中的“南台又是，合沙时节”，又重点提及特别希望福州人蟾宫折桂喜报归来。南台，是南台山，位于福州市仓山区。词中的家乡情结溢于言表。

## 家乡闲适生活的乐趣

张元幹辞官回到福州后，虽然仍对国家、百姓的安危十分关心，也时时表露出抱负难酬的心态，但是长期漂泊辗转的生活暂时停下来，还是有一丝宽慰留存心底。于是，他辞官闲居福州时创作的不少作品中，流露出舒缓、闲适的心情。

他在晚年时期写过一首《水调歌头》：

雨断翻惊浪，山暝拥归云。麦秋天气，聊泛征棹泊江村。不羡腰间金印，却爱吾庐高枕，无事闭柴门。搔首烟波上，老去任乾坤。　　白纶巾，玉麈尾，一杯春。性灵陶冶，我辈犹要个中人。莫变姓名吴市，且向渔樵争席，与世共浮沉。目送飞鸿去，何用画麒麟。

少年时期的张元幹可以“谈笑从军”、憧憬建立军功，满怀整顿乾坤的豪情壮志。但在这个麦熟的时节，他不再羡慕那显贵官宦的金印紫绶，而是像陶渊明一般，有时紧闭柴门，在自己的庐内高枕仰卧；有时手执麈尾去尘，饮一杯酒，作一首诗，绘一幅画，看尽人生的沉浮。所以，即使对仕途、对前程、对家国有过热情，甚至现在仍留有这种热情，但是既然选择了归隐，就放下一切，开始过疏放而闲适的自我生活。所以，他不再意气风发，而是“华发苍颜，一任傍人笑。不会参禅并学道，但知心下

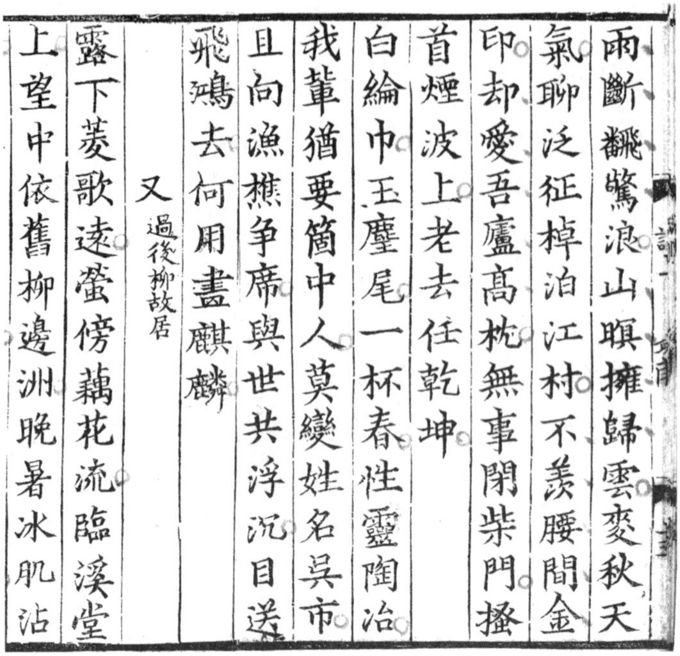
雨斷飜驚浪山暝擁歸雲變秋天
氣聊泛征棹泊江村不羨腰間金
印却愛吾廬高枕無事閑柴門搔
首煙波上老去任乾坤
白綸巾玉麈尾一杯春性靈陶冶
我輩猶要箇中人莫變姓名吳市
且向漁樵爭席與世共浮沉目送
飛鴻去何用畫麒麟
又 過後柳故居
露下菱歌遠螢傍藕花流臨溪堂
上望中依舊柳邊洲晚暑冰肌沾

《水调歌头》

无烦恼”（《蝶恋花》），除却感慨功名浮云，对人生多了一些自适的参悟。有时徜徉在繁杏枝头的雨中，与两三好友，或李弥逊，或富直柔，或苏粹中，优游自如，宠辱不惊。“情知醉里惜花深，留春住。听莺语，一段风流天赋与”（《天仙子》），这种超拔于凡尘世俗之外，在故乡的莺花烟雨中回归自由自在的状态，不仅仅是他面对政治倾轧和离家难归的痛苦、焦灼、煎熬之后的选择，也是他自己所树立的一种悠然自得的人生范式。所以他愿意继续这种自在的生活状态。于是，他与好友在福州寻山问水，得一处佳地，筑起了鸥盟轩，开启新的生活：

永遇乐·宿鸥盟轩

月仄金盆，江萦罗带，凉飙天际。摩诘丹青，营丘平远，一望穷千里。白鸥盟在，黄粱梦破，投老此心如水。耿无眠、披衣顾影，乍闻绕阶络纬。　　百年倦客，三生习气，今古到头谁是。夜色苍茫，浮云灭没，举世方熟寐。谁人著眼，放神八极，逸想寄尘寰外。独凭栏、鸡鸣日上，海山雾起。

鸥盟轩建成之后，张元幹凭栏远望，看着圆月升起，江水如练，凉风习习，青山如画，一望无穷。如此美景，思虑功名已如黄粱一梦，他更愿看尽夜色的苍茫，如杜甫“放神八极外，俯仰俱萧瑟”，不再思虑尘世间的诸多烦忧，心思早已飞向九霄云外。所以鸥盟轩与李弥逊的横山阁一样，具有一种蓬莱仙境的气质，诸人居住于此，“乘除了，人间宠辱，付之一笑”，漂泊在外的疲惫之感和人生的困惑在这里都得到了化解，国破后缺乏安全感的心境也在这个温暖、安逸的地方得到了舒缓。

# 第六章

# 文学成就与影响

张元幹在文学上面的成就，可以说是承前启后的，他是沟通苏轼、辛弃疾豪放词风的关键人物之一，也是南宋时期辛派词人群体在豪放词风上的先导，还开创了南宋爱国诗歌的先河，也对福建词学发展基调产生了不可忽视的影响。

## 辛派豪放词的先河

豪放词，对于普通大众而言，想到的大都是北宋的苏轼与南宋的辛弃疾。苏轼的词，与其说是豪放，不如说是旷达。而辛弃疾的词，于豪放之外，还有沉郁。其实，张元幹是沟通苏轼、辛弃疾豪放词风的关键人物之一，也是南宋时期辛派词人群体在豪放词风上的先导。

薛砺若在《宋词通论》中说：

> 中国词学，在南渡之后，本可直接由周邦彦一条路线走下去的，因为政治上受了一个最惨烈的打击，在承平一百七十余年的北宋社会，忽然被一种暴力所劫持，而变换了政治与生活的常态。……这使百年以来所代表的一种承平享乐的词风，为之遽变。

因此，可以说中国词风的巨大变化就出现在南北宋之交。一般对于词风的认识，大多停留在明代张綖所提出的“婉约”与“豪放”的分别，这两种分法虽然简单粗暴，但也确实符合词这一文体在发展过程中的总体风格分类。词自隋唐而来，至五代、宋代而发扬光大，但是就大部分作品而言，歌儿舞女的软媚风味确实充斥着整个词坛，这本来就是词与诗歌在题材和内容上的分疆约定俗成导致的现象，后来经过北宋苏轼“以诗为词”、周邦彦“以赋为词”对于词体写作方式的调整，词也慢慢具有了诗歌中悲郁的情感抒发方式。南宋的辛弃疾提出“以文为词”的观念，则完全是在前人创作实践和理论总结的基础上，对于词体的进一步发展所作出的努力。当然，如果要在他们之间找一个能呈现出这种变化的标志，那么张元幹可以说是当仁不让。

苏轼所生活的年代是在北宋相对安定的时期，他在词中所呈现出来的阳刚之气、旷达之感基本上来自他本人的文学素养和坎坷的人生经历。及至辛弃疾时，南宋王朝已偏安于一隅，北方大片的土地已是金人统治区，因而收复北方故土、抒发爱国之感，便成为不少南宋有识之士诗词作品中的一大主题。张元幹作为南北宋之交的文人，被唐圭璋评价为“风格慷慨悲凉，开启陆游、辛弃疾一派，为两宋词风转变之先导者”（《张元幹词研究序》）。可见，张元幹词的创作在南北宋之交风格变化中的作用之大。

在南北宋之交，普通的文人士子所拥有的对国家繁荣昌盛的期许，对外敌的憎恶，都是受过儒家传统思想影响、具有一定良知的士子最为基本的感情倾向。而张元幹曾跟随李纲在靖康元年（1126年）参加了京师保卫战，抵御金兵，直到战争结束后的数年时间里，在他的诗歌中仍有那场战争的鲜活记忆出现。因而，他对于金人的憎恨、对于大宋王朝命运的担忧、对于最高统治者的指责、对于前方将士的赞扬，都比普通人更为深刻。

纵观唐五代北宋时期的词，有不少词家不断去突破“词为艳科”的藩篱，如范仲淹的《渔家傲》和苏轼的《江城子·密州出猎》，都有一些豪情壮志在其中，但是这样的作品，可谓是凤毛麟角。及至靖康年间，中原被夺，二帝被俘，政权南迁，其间也曾出现了如岳飞、李纲等人在词中抒发忧国忧民、雪耻之志，然而他们并未将文学创作作为主业。张元幹算是弥补了他们这些前线文人的一些遗憾。所以说，张元幹能开南宋陆游、辛弃疾豪放一派之先河，实则是在历史大环境下各种因素共同发酵的结果。黄珮玉在《张元幹研究》一书中也表达了这样的观点：

> 从他早期的词作来看，似乎很难找到他与豪放词有什么关系，他早期的词作也没有表现出明显的个性，与其说他近似苏东坡的清雄，毋宁说他近似秦观的工巧。促使他的词从内容到风格都产生巨大转变的，则是由于国家民族蒙受了深重的灾难，这一个巨大的历史转折，不但彻底改变了他个人的生活道理，也改变了他的词风。

张元幹的词，收录在《全宋词》中的有185首，收录在《文渊阁四库全书》中的则有186首，上海古籍出版社于1977年出版的《芦川归来集》中，根据《四库全书》、清代曹溶原藏抄本和双照楼影宋本《芦川词》等，收录三卷186首，今人曹济平《芦川词笺注》收录185首。在这些词作中，有不少词作具有时代的气息，呈现出豪放的风格。如张元幹为李纲、胡铨二人分别而作的《贺新郎》两阕，便被后人称为张元幹慷慨激昂词的压卷之作。

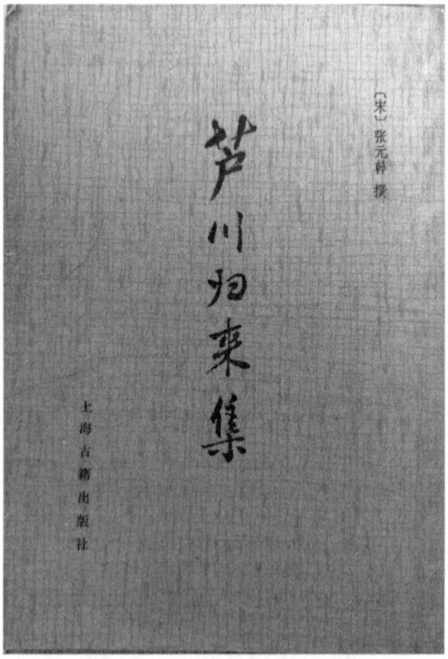

上海古籍出版社《芦川归来集》

除了这两首特别具有代表性的作品外，现另举一首为例：

白衣苍狗变浮云，千古功名一聚尘。好是悲歌《将进酒》，不妨同赋《惜余春》。　　风光全似中原日，臭味要须我辈人。雨后飞花知底数，醉来赢取自由身。

这首词词牌名为《瑞鹧鸪》，词的小序是“彭德器出示胡邦衡新句次韵”，为我们交代了这首词的创作因由。张元幹曾在《彭德器画赞》中对他大加赞赏，说他“气节劲而议论公，心术正而识度远”。当胡铨因为上书高宗斩杀秦桧等奸佞之臣而遭遇贬谪后，彭德器可以说是冒着被杀的危险为胡铨传递新词，这与人人自危时作词送胡铨的张元幹可谓志同道合。张元幹的这首词便是有感而发。

这首词可谓用典集中。上片四句，便用了四个典故来抒发情感。唐代杜甫有诗名为《可叹》：“天上浮云如白衣，斯须改变如苍狗。”张元幹化用此诗表达世事无常、变幻莫测。唐代寒山有《诗三百三首》，其中第46首有道：“谁家长不死，死事旧来均。始忆八尺汉，俄成一聚尘。”千古功名也不过化为尘土，消失殆尽。而《将进酒》《惜余春赋》都是唐代诗人李白的作品。可以说，张元幹借用了古人的诗句和诗体，表达在世事变迁、功名如尘的现实

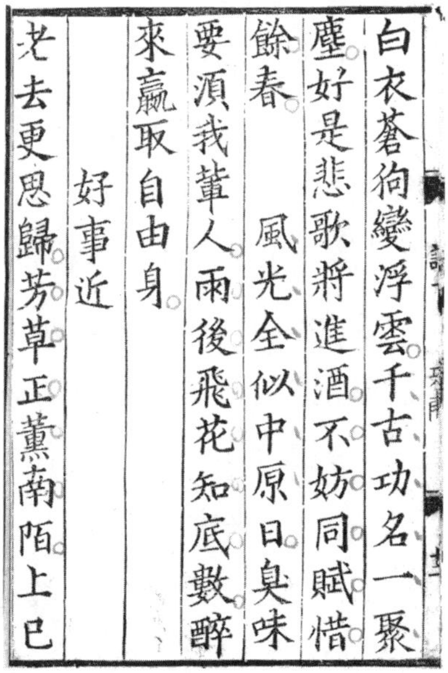
白衣蒼狗變浮雲千古功名一聚
塵好是悲歌將進酒不妨同賦惜
餘春　風光全似中原日臭味
要須我輩人雨後飛花知底數醉
來贏取自由身
好事近
老去更思歸芳草正薰南陌上已

《瑞鹧鸪》

第六章　文学成就与影响

中，作为有志报国之人也只能如深闺妇人，暗自神伤，郁郁不得志。下片起句便道出张元幹对于中原沦陷的悲哀，作为“臭味相投”之人——张元幹、胡铨和彭德器，以及抱有家国遗恨的有识之士，共饮杯中酒，聊以慰藉，希望将心中的痛消解在酒中。这首词整个情感基调是激昂悲愤的，深刻地描绘出与胡铨等人具有相似遭遇的主战人士的复杂心路。

再如张元幹为吕本中送行所作的《水调歌头》：

戎马蹂中夏，星历一周天。干戈未定，悲咤河洛尚腥膻。万里两宫无路，政仰君王神武，愿数中兴年。吾道尊洙泗，何暇议伊川。　　吕公子，三世相，在凌烟。诗名独步，焉用儿辈更毛笺。好去承明谠论。照映金狨带稳。恩与荔枝偏。回首东山路，池阁醉双莲。

这首词是绍兴六年（1136年）闲居福州的张元幹为将要奔赴临安上任的好友吕本中的送行之作。上片还是直面描绘金人入侵中原已十二年有余带给大宋的悲怆，中原地区如今处于外敌入侵的局面，而徽宗、钦宗二帝仍然杳无音信，所以当时大多数士人虽然对二帝下落不明多有悲痛，但是如果能遇明君也可实现“中兴”的愿望。所以，张元幹在词中所表达出来的这个愿望，应是当时很多人的共识。除却明君之外，提拔辅佐明君的将相之才也迫在眉睫，因此在下片中，张元幹迫切地希望这次吕本中前往临安任职，能发挥自己的聪明才干，辅佐君王，迎来中兴。

这首词描述了中原沦陷的现实，显露出对实现中兴愿望的迫切，饱含了深深的豪情壮志，更增添了悲壮的色彩。

从这些词中，我们几乎看不见那些花前月下的场景，也没有了情儿怨女的纠缠，而是抒发胸中的豪言壮志。因此，在他的词中，我们可以经常见到他借用历史人物或事件来表达自己对于时局的看法，对于家国之事的关心。明代杨慎在《词品》中言："芦川填词最工……词虽一小技，然非胸中有万卷，下笔无一尘，亦不能臻其妙也。"在数百年后的明清时期，文人士子都能深刻地体会到他词中的"抑塞磊落之气"，更不必说仅仅几十年后家国仍处于水深火热之中的南宋时期的文人。因此，在张元幹词作所呈现的"刚风劲节"的品质与豪放悲慨的风格的基础上，南宋的陆游、辛弃疾、刘过等人在这种风格之下所作的努力，也便顺理成章。

## 南宋爱国诗词题材的开创者

除了词学上的成就，张元幹在诗歌方面也有所建树。王兆鹏在《张元幹年谱》中说："张元幹虽以词名世，而其诗也现实性强，充满炽烈的爱国感情，既有历史价值，又富于审美价值。"孙望等主编的《宋代文学史》认为张元幹的"爱国感事题材诗歌具有强烈的爱国激情，笔力雄健，气势豪迈"，并称赞他在诗歌中的高亢呼声，"开创了南宋爱国诗歌的先河"。

张元幹的诗歌作品，有关爱国的内容非常多，有不少作品直接将当时发生的历史事件入诗，表达自己的情感。如《丙午春京城围解口号》《挽少师相国李公五首》等，便将自己在靖康元年（1126年）与李纲一同与将士死守汴京的英雄壮举付诸诗篇中："城守麾强弩，诸班果翕然。云梯攻正急，雨箭勇争先。中夜飞雷炮，平明破火船。如公真殉国，绘像冠凌烟。”通读之后，两军交战的残酷紧张的场景一一浮现在眼前。这是真正经历过战争的人才能如此清晰地描述这样的场面，表达了对李纲等参与这场保卫战的将领的敬佩之情，同样也是他爱国情操的具体呈现。

张元幹雕像

再如组诗《感事四首丙午冬淮上作》等作品，不仅将汴京保卫战的事件写入诗中，还将之后金宋之间的议和条件“始望全三镇，谁谋弃两河”“珠旒轻遗敌，玉册忍称臣”等入诗。而自己未曾去过的湖南地区，也从朋友处得知金人扫荡过后，长沙“眼看杀人等蝼蚁，剑血洗尽湘川流”，“兵缠妖气草木暗，火炽凶焰云烟愁”，一片生灵涂炭。《返正》诗中“诸将争传檄，群凶尚阻兵”反映建炎三年（1129年）苗傅、刘正彦发动兵变之事。《建炎感事》诗中“翠舆欲东巡，蹈海计愈切”反映宋高宗难以抵挡金兵南下的进攻而选择逃难海上的事情。还如《和韵奉酬王原父集福山之什》：

平生契所崇，晚得故人语。惊呼追曩游，世道今如许。

中原鞠茂草，万里尽豺虎。天王巡江渎，对垒眺淮楚。

未闻诛叛亡，快愤断腰膂。上复九庙仇，下宽四民苦。
胸中有成奏，无路不容吐。天高云雾深，洒泣逃罪罟。
竭来陪胜集，人物良可数。高士父子贤，王甥兄弟窭。
相过茶酒间，穷年简编处。丧乱共伤时，兴衰更怀古。
假日聊销忧，信美非吾土。夜阑然薪归，被酒踏寒雨。
买山结茅茨，我老竟何所。要当托乔松，根石仍同煮。

这首诗比较全面地反映建炎二年（1128年）春的社会景象。“中原鞠茂草，万里尽豺虎”写的是在金人的紧逼之下，北宋灭亡，北方大片的土地呈现衰败荒芜的现状。“天王巡江渍，对垒眺淮楚”则是江淮制置使刘光世阻淮拒金人南下，然而金兵还未到达，宋兵竟不战自溃，高宗害怕金人的铁蹄，选择了逃至杭州，准备定海之策。“未闻诛叛亡，快愤断腰膂”则指的是苗刘兵变。此时此刻，时局动荡，张元幹胸中有那么多的志向、那么多的情怀，却无处可以诉说，只能伤今怀古，泪洒天地。

张元幹的这类诗歌，是在两宋之交特殊的历史背景之下写成，既可以反映当时重大的历史事件，又能将自己在这些历史事件发生过程中所蕴含的感情抒发出来，对于南宋一朝来说，可谓开启了诗歌在爱国内容和题材方面的先河，在两宋诗歌史上也占有一席之地。

当然，并不是说在这样的历史巨变情况下，每个人都会像张元幹一样用艺术性的手法表现自己的爱国情怀和思想感情，而张元幹之所以能在爱国内容诗歌方面创下辉煌成就，不仅仅来自外部社会的突变，也来自他自身对于环境的感知能力，来自他自身经历的坎坷、理想愿望的被遏制。

## 对辛派词人的影响

反映国家战争，在诗歌中屡见不鲜，然而在以“要眇宜修”为文体特征的词这一领域中，特别是在南渡之前，几乎很少有人涉猎。北宋范仲淹的《渔家傲》是较早且较为著名的一首反映战争的词，直到南渡时期的张元幹，才大量地将这类题材内容写入词这一本应柔婉、曲折的文体中。值得注意的是，张元幹不仅仅在爱国内容为主的词中呈现他对于家国的情感，他在其他类型的词中，如隐逸词、赋物词等题材中也无不表达对家国蒙难的悲痛、报国无门的哀伤。他曾有一首《风流子》，是这样写的：

> 飞观插雕梁。凭虚起、缥缈五云乡。对山滴翠岚，两眉浓黛，水分双派，满眼波光。曲栏干外，汀烟轻冉冉，莎草细茫茫。无数钓舟，最宜烟雨，有如图画，浑似潇湘。　　使君行乐处，秦筝弄哀怨，云鬟分行。心醉一缸春色，满座疑香。有天涯倦客，樽前回首，听彻《伊川》，恼损柔肠。不似碧潭双剑，犹解相将。

这首词小序为“政和间过延平，双溪阁落成，席上赋”，大约是政和六年（1116年），张元幹为双溪阁落成而作。双溪阁原名延平阁，在今天的福建省南平市延平区，因此处有剑溪、樵川两水交汇，北宋末年蔡京便将其改名为双溪阁。在这首词中，张元幹借咏赋双溪阁来抒发自己忧国忧民之感。上片他不吝文饰地展现双溪阁的形胜、阁宇四周风光的优美。下片的视角则由阁外

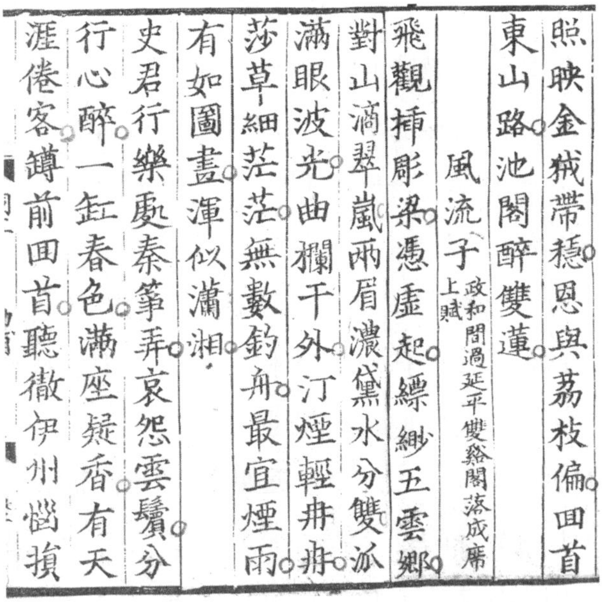
照映金械帶穩恩與荔枝偏回首
東山路池閣醉雙蓮
風流子 政和間過延平雙谿閣落成席上賦
飛觀插彤梁憑虛起縹緲五雲鄉
對山滴翠嵐兩眉濃黛水分雙派
滿眼波光曲欄干外汀煙輕冉冉
莎草細茫茫無數釣舟最宜煙雨
有如圖畫渾似瀟湘
史君行樂處秦箏弄哀怨雲鬟分
行心醉一缸春色滿座疑香有天
涯倦客罇前回首聽徹伊州惱損

《风流子》

的旖旎景致转向宴席中的丝竹之乐和宴飨之欢，然而席中的“天涯倦客”看着眼前的美景欢愉，却生出一丝丝悲伤的情绪，以及对国家前途的担忧。

当时的张元幹开始他的仕宦生活仅仅三年时间，却也对当时积贫积弱、政治黑暗的北宋王朝十分担忧，“心知天下将乱”。所以，有不少评论者曾将南渡之前张元幹的词归为北宋柔婉词一类，其实大致没错，但是在这些仿佛抒写男情女爱、宴飨之乐的作品中，却仍能有悲从中来的感受，只是当时的政治环境并未像南渡之后发生重大变局，因而大家并未特别关注到他欢愉背后的哀叹。

再来看一首中秋怀人的作品：

垂虹望极，扫太虚纤翳，明河翻雪。一碧天光波万顷，涌出广寒宫阙。好事浮家，不辞百里，俱载如花颊。琴高双鲤，鼎来同醉孤绝。　　浩荡今夕风烟，人间天上，别似寻常月。陶冶三高千古恨，赏我中秋清节。八十仙翁，雅宜图画，写取横江楫。平生奇观，梦回犹竦毛发。

这首词牌为《念奴娇》，是张元幹在绍兴二十九年（1159年）与陈瓘之子陈正同中秋时节唱和之作。词中发挥了丰富的想象力，从天上写到人间，而吴江的垂虹桥是张元幹一生中多次到访之地，恰值中秋佳节，在此登临远眺，时光流逝，往事一一浮现在眼前。最让他难忘的并非仅仅是时光的流逝与人生的无常，而是自己所经历的国家的灾难与耻辱，这些过往只会令他毛骨悚

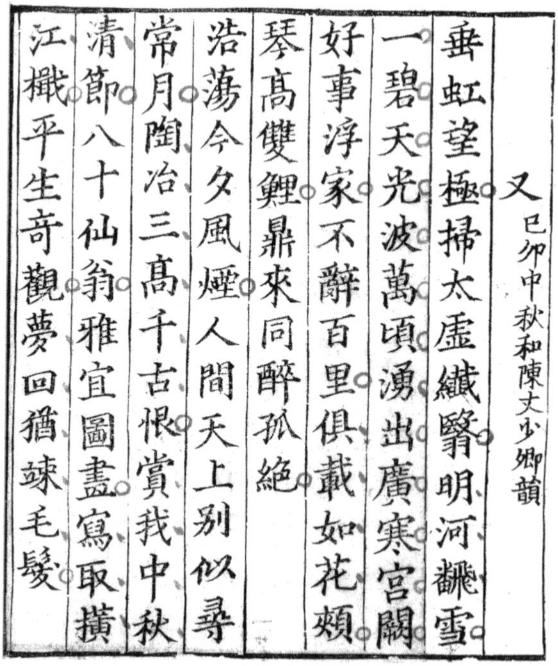
又 己卯中秋和陳丈少卿韻
垂虹望極掃太虛纖翳明河翻雪一碧天光波萬頃湧出廣寒宮闕好事浮家不辭百里俱載如花頰琴高雙鯉鼎來同醉孤絶
浩蕩今夕風煙人間天上別似尋常月陶冶三高千古恨賞我中秋清節八十仙翁雅宜圖畫寫取横江檝平生奇觀夢回猶竦毛髮

《念奴娇》

然、不堪回首。

张元幹会通过各种题材、各种手法直接或者侧面去反映当时的政治环境，主张顽强抗击金兵的决心，谴责投降者的丑恶嘴脸，抒发自己对家国前途的担忧。可以说，张元幹是一名非常典型的将词作为政治武器的文人，而他的这一传统也被后人接受、传承和发扬。如张孝祥、辛弃疾、刘过、陈亮等南宋著名词人，他们在支持御敌、北伐的过程中不断将这一题材内容发扬光大，形成文学史上赫赫有名的以豪放词风为主的辛派词。

当然，张元幹的影响不仅仅停留在宋代，在明清之际、清代初期的词坛，仍有一大批词人墨客将战争集中反映在词作品中，使词这一文体在清代又绽放出新的光芒。

## 对宋代福建词学发展基调的影响

晚唐五代时期，福建由于远离中原战场，成为众多文人避乱的理想去处，一定程度上对于繁荣福建文学产生了重要作用。两宋时期的福建文学，渐渐繁盛，出现了不少在当时甚至对后世影响深远的文人。据王兆鹏《词学论丛·两宋词人占籍考》统计，两宋时期，福建籍词人共111人，仅次于浙江和江西，位列全国第三，侧面反映了福建文学虽然起步晚，但是发展迅速的特点。所以清代中后期，福建籍的著名词学评论家谢章铤便在《赌棋山庄词话》中说："吾闽词家，宋元极盛，要以柳屯田、刘后村为眉目。"柳屯田，指的是北宋著名词人柳永，也是北宋时期第一位专门以词闻名的文人。而刘后村则是南宋著名文人刘克庄，他

是南宋时期“江湖诗派”的领袖人物，也是辛派词人的代表之一。如果说两宋时期闽籍词人中，柳永的慢词俗调在中国文学史占有一席之地，那么如李纲、张元幹、刘克庄诸闽人则是作为辛派先驱和干将而熠熠生辉。

虽然柳永在北宋初期词坛尚俗的词风与晏殊、欧阳修尚雅的主张多有龃龉，但是柳词风格还是可以界定于传统词风中的。但自李纲、张元幹等人自福建走向开封，再从开封回归福建，他们的诗词创作，一转北宋时的风格，大量创作豪气、慷慨悲凉的爱国词，使词的风格由柔婉变刚劲，形成豪放悲壮的词风。张元幹之后，刘克庄、陈人杰等，都是作为辛派词人出现在文学史中的福建词人。这样的词风不仅仅对于后世文人的影响巨大，也对福建词学发展基调产生了影响。

因而，后人在评价福建词的时候总是以“豪迈”作为关键词。在清代，很多词评论家在讨论福建人作词时，认为基本上延续了苏、辛风格。陈声聪在《闽词谈屑》中说清代福建词人谢章铤的词“近苏、辛一路”，谭献在《复堂词话》中也说清代中期以聚红榭为代表的闽人词社唱和之作，便“似扬辛、刘之波”，担负着重振闽词气象的重任。所以，“闽词多尚豪迈”便是很多人对福建词人创作风格的注脚。虽然其中大多以辛弃疾风格作为闽人词风的代表，但是张元幹爱国题材的词对于辛弃疾的影响是不容忽视的。所以，与其说是辛弃疾对闽人词风的影响，不如说是张元幹对闽人词风基调的影响。作为先驱式的人物，张元幹的影响应给予充分的肯定。

现以刘克庄的代表词作为例进行说明。

满江红·夜雨凉甚，忽动从戎之兴

金甲雕戈，记当日、辕门初立。磨盾鼻，一挥千纸，龙蛇犹湿。铁马晓嘶营壁冷，楼船夜渡风涛急。有谁怜、猿臂故将军，无功级。

平戎策，从军什。零落尽，慵收拾。把茶经香传，时时温习。生怕客谈榆塞事，且教儿咏花间集。叹臣之壮也不如人，今何及。

这首词是刘克庄的代表作之一。上片写的是刘克庄早年自己从军的一段经历。宁宗嘉定十一年（1218年），李珏出任江淮制置使，刘克庄时年31岁，便入李珏幕府，参与了防御金人入侵的军事活动，因此便有了词中“金甲雕戈”的英雄形象，可见刘克庄参军幕府时的兴奋和激动。于是，“磨盾鼻，一挥千纸，龙蛇犹湿”，充分发挥自己的才情，起草军事文书运笔如飞，当然也暗含了当时军情的紧张，文书字迹未干便送往前线。所以接下来的两句便是写宋金两军交战的情况，也借用汉代李广将军与匈奴交战大胜却未封侯的典故，以表达他对当局无视抗战人才的激愤之情。下片则转而写现在屡遭诬陷弹劾，表达了报国无门的悲愤。上片还是有血性文人参加战事的壮怀激烈，下片则写自己的日常生活，自己闲时赏读《茶经》，有客人到访不愿与其谈论国事，而是带着自己的孩子学习《花间集》。虽然是在述说自己赋闲在家时的清闲状态，字里行间却颇有不平之气。“叹臣之壮也不如人，今何及”句，借用《左传·僖公二十三年》记载的秦晋围郑之时，老臣烛之武面对郑国请他出使秦国说服秦穆公收兵时推辞的话：“臣之壮也，犹不如人；今老矣，无能为也已。”所

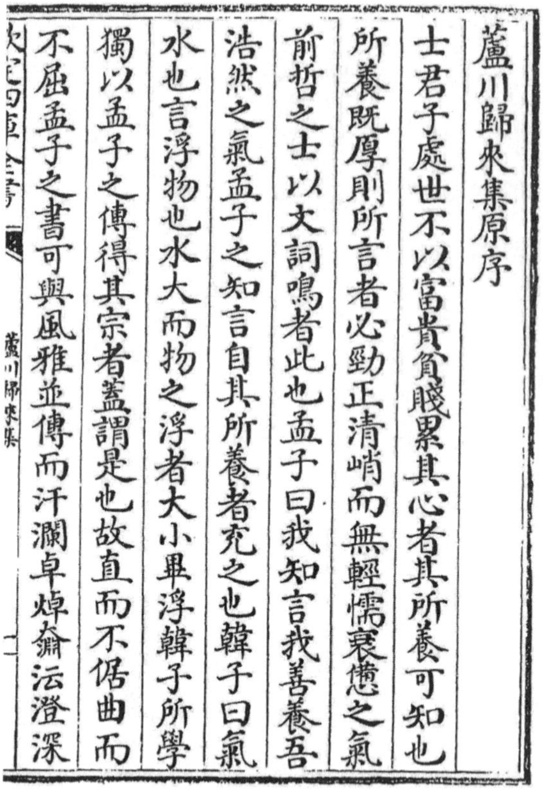

欽定四庫全書
蘆川歸來集
蘆川歸來集原序
士君子處世不以富貴貧賤累其心者其所養可知也所養既厚則所言者必勁正清峭而無輕懦衰憊之氣前哲之士以文詞鳴者此也孟子曰我知言我善養吾浩然之氣孟子之知言自其所養者充之也韓子曰氣水也言浮物也水大而物之浮者大小畢浮韓子所學獨以孟子之傳得其宗者蓋謂是也故直而不倨曲而不屈孟子之書可與風雅並傳而汗瀾卓焯奫沄澄深

《芦川归来集原序》

以这种闲适的生活状态是他执着于国事，但是在官场沉浮中无可奈何之举，也正体现了他内心的痛苦，一个充满爱国之情却又报国无门、桀骜不驯的形象跃然纸上。

因此，“豪迈”词风经过张元干的类似于开创式的以豪气劲健的笔力高歌爱国情怀、抨击时政、抒发忠愤，再经过了陆游、辛弃疾的不断发展，在福建文人士子心中种下了风雷鼓荡的种子，发芽开花结果，使得闽词“尚豪”的风格深入人心。这确实能显示出张元干的影响之大。

张元干在《芦川归来集》中曾作四篇“自赞”，算是他对自己不同时期的自我剖析。其中，他曾这样描述自己：“尔形侏儒，而行容与。”还说：“平生我如拆袜线，老来要认本来面。”拆线袜，这个形容很有意思，一般来讲，将毛线袜子上的线拆下来，基本上都是短的，这些短的线也没什么用处。这也是张元幹日常的自我嘲讽。他自称身材矮小犹如侏儒，但是行为举止却得体从容。虽然这样的描述有自嘲的意味，但是这样一位身材矮小的文人，被徐俯称赞为“诗如云态度，人似柳风流”，拥有一番风流俊逸的姿态。他又称自己“所守者，独出处之大节；所经历者，皆风波之畏途”，可谓屡遭灾祸，坎坷一生。可是，他对国家兴亡的执着和勇气，可以比肩岳飞；他奋勇杀敌的气概，为后人所膜拜；他的肝胆照人，在风云变幻的时代放射出血性气质的光芒。所以，“百世之下，凛凛英气，义形于色，如砥柱之屹颓波，如泰华之插穹昊，如万折必东之水，如百炼不变之金”，这是张元幹对陈瓘的赞誉，其实完全可以附加在他自己身上。

# 结　语

靖康之难以来，对于两宋王朝来说，无不是一部演绎着血与泪的历史。而对于两宋王朝经历这段沉痛历史的文人来说，也如历史的风云变化一般，承受着复杂多变的人生升沉。不过，不管人生的起伏多么艰难和沉痛，张元幹始终保持着一颗爱国之心，坚持着一如既往的刚直忠勇的秉性，一直寻求着保国安民、积极奋进的复兴之路。

张元幹作为两宋之交重要的爱国词人，其词作将个人的感情抒发拓展到对国家、时政的感慨上，尤其是他的两首《贺新郎》，词风慷慨激昂，悲壮沉郁。南宋时期，有一个叫韩淲的文人，在一次酒席间，听到有人在慷慨激昂地高唱张元幹的《贺新郎》词，受到感染，情不自禁地用张元幹的原韵追和一首：

贺新郎

坐上有举昔人《贺新郎》一词，极壮，酒半，用其韵

万事佯休去。漫栖迟、灵山起雾，玉溪流渚。击楫凄凉千古意，怅快衣冠南渡。泪暗洒、神州沉处。多少胸中经济略，气□□、郁郁愁金鼓。空自笑，听鸡舞。

天关九虎寻无路。叹都把、生民膏血，尚交胡虏。吴蜀江山元自好，形势何能尽语。但目尽、东南风土。

赤壁楼船应似旧。问子瑜、公瑾今安否？割舍了，对君举。

可以说，张元幹词中的慷慨悲壮，被韩淲在这首词中多所继承，面对破碎的山河，韩淲暗自泪洒神州，心胆俱裂，忧愤国事的深意可谓来自对于张元幹词的深刻理解和感召。

当年下廷尉的厄运，使张元幹不仅失去了名籍和原有身份，也失去了自己的一部分作品。对于他来讲是一个沉痛的打击，对于我们来说也是一种遗憾。我们如今能读到的基本上是张元幹劫后余生的作品，这些是否只是他作品中甚至是历史的冰山一角？这些都需要我们去慢慢探寻。

时至今日，张元幹其人其事其作品的馨香逐渐被人挖掘，曹济平先生与王兆鹏先生是张元幹研究的集大成者，他们不仅考证张元幹的生平轨迹，还对张元幹的诗词作品予以论述，并对张元幹的文学史地位予以定位。可以说，在两位先生研究的基础上，张元幹及其作品在沉寂多年之后，得以重见天日，成为学界研究探讨的重点，世人开始重新认识这个用生命与激情承担天下的文人。

黑格尔在《美学》一书评价古希腊艺术时说："希腊人的艺术并不只是一种装饰，而是生命攸关的必需满足的一种急需，才使希腊艺术具有如此永恒的诱人的魅力和不朽的价值，并为后来欧洲文学的创作提供的重要的母题和丰富的题材。"虽然借古希腊艺术与张元幹的文学相比有些许不合适，但是张元幹作为中国古代文学发展史中独立的生命个体，他的文学道路及其创作，并不仅仅是为了装饰自己，而是为了赋予当时文人在时代和社会大环境下对于生命意识的一种急需的创作。因此，他的创作同样具有审美的价值和艺术的魅力。事实也证明，他的创作、他的精神、他的风格无不给后人以启示，滋养着后人的文学创作。

他是一位值得福建人骄傲的知识分子。当我们回望那段历史时，张元幹与闽籍士子的古道热肠、铮铮风骨，仿佛成为闽籍后继者追寻的精神支柱。即使放在如今的八闽大地甚至中华大地，我们都会时常想起这位正直坚毅、心系国家的老人。

# 后　记

福建，山海相拥，人杰地灵，人文荟萃，英才辈出，产生了许多伟大的思想家、文学家、教育家、科学家和民族英雄、爱国先驱、革命将士、时代楷模。他们的教育成长、道德品行和思想文章，是福建的宝贵精神财富，教育和激励着一代代福建人努力学习、奋勇前行。福建省社会科学界联合会组织编写的“福建历史文化名人丛书”，以福建历史名人为题材，古今结合，意在从高处着眼、从基础着手，普及人文社会科学知识，促进人文道德养成，使社会科学知识走进大众、走进生活、走进现实，让更多的人了解福建历史名人，弘扬优秀传统文化，增强福建文化影响力和感染力，为建设文化强省添砖加瓦。

“福建历史文化名人丛书”（第五辑）所包含的张元幹、林龙江、李光地、华嵒、梁章钜、冰心6个人物故事，记录了福建文化之于中国历史的影响，同时也以人物史的叙述方式生动地展现出中国人文精神的风骨和传统文化的传承。人物篇以人物生平为线索，在故事中体现传主的学问、事功、道德，凸显他们在中华文明进程中的重要作用，深入挖掘和阐发其内在精神，从而激起读者爱国爱乡的强烈情感，使之成为涵养社会主义核心价值观的重要源泉。

这套丛书以广大群众为读者对象，尤其是各年龄段的学生群体以及受过中等教育的读者，他们对这些历史名人的认知，大多来源于历史课本、乡土教材、文化景点和博物馆，很难形成具体、深入、系统的认识。丛书深入浅出，雅俗共赏，通过一个个生动精彩的故事带领读者走进福建历史，走入人文社会科学的知识殿堂，融故事性、知识性、趣味性、可读性于一体，对提升大众的阅读水平、普及社会科学知识、提高人文社会科学文化素养和思想道德素质有着积极的作用。

专家刘小新老师对丛书写作大纲和书稿进行了认真审读，并提出了许多很好的意见和建议，在此表示感谢！

由于编撰出版时间紧，经验和水平有限，疏漏在所难免，敬请广大读者批评指正。

编委会

2022年4月